THE GASLIGHTING
RECOVERY WORKBOOK

Healing from Emotional Abuse

煤氣燈操縱

辨識人際中最暗黑的操控術，走出精神控制與內疚，重建自信與自尊

Amy Marlow-Macoy, LPC

艾米・馬洛－麥柯 心理師——著

朱崇旻——譯

目次
Contents

本書獻給我各位勇敢、堅強又了不起的客戶。
你們對於療傷的投入與勇氣，啟發了我的每一天。

前言
Introduction

　　我永遠忘不了派蒂（Patti）（為了保護當事人的隱私，本書中所有人物都使用假名）第一次走進我辦公室的那一天。那次她對我說道：「我好像必須和父親斷絕往來才行。從我有記憶開始，他就一直對我情緒虐待，我實在不知道該怎麼辦。可以請你幫幫我嗎？」

　　在剛開始接受治療時，派蒂已經處於崩潰邊緣了。她深受焦慮症與完美主義所苦，老是在擔心自己無論怎麼做都不可能合格；雖然她聰明又有洞察力，事業上也十分成功，卻總覺得這一切都不過是假象。派蒂的直覺時常都很準，她卻沒辦法相信這份直覺。當我們一步步探索她焦慮與缺乏自信的原因，逐漸發現一件事：她從小就飽受「煤氣燈操縱」（gaslighting）摧殘。

　　我是艾米・馬洛－麥柯，持照專業心理諮商師，專門協助個案辨識出情緒虐待關係、治療他們受到的傷害，並幫助他們建立強韌的恢復力，抵抗情緒虐待所帶來的影響。我的個案的家庭中，有不少人的父母其中一人或兩人具有自戀型人格疾患（narcissistic personality disorder）或邊緣型人格疾患（borderline personality disorder）的特徵，其中，有許多個案都因為受到煤氣燈操縱而認定自己的看法才是扭曲的，甚至將所受的虐待歸咎於自己。我們會在諮商治療過程中合力破除煤氣燈操縱的謊言，找尋背後的真相。

　　煤氣燈操縱是一種情緒虐待策略，施虐者會使受虐者懷疑自己對現實的認知。以派蒂為例，她父親一再質疑她的判斷、貶低或忽略她的成就，並批評她的情緒反應，藉由上述種種手段來摧毀她的

自信心。父親告訴她，他做的這一切都是為了讓她變得更堅強，結果後來派蒂不再相信自己的直覺，比起自己的認知，她更依賴父親的看法。派蒂之所以來向我求助，是因為她雖然非常想擺脫父親的虐待，卻無法自己下定決心。

　　作為控制他人的手段，煤氣燈操縱是相當強效的工具，甚至可能在社會中被用於壓迫社群，或激起社群的憤怒。許多領袖人物與政治人物都會以煤氣燈操縱的方式將罪責推給特定群體，或是利用扭曲的言論煽動自己的追隨者，而這些政客多半很有魅力與領袖氣質，因此能夠造成顯著的影響。在大量追隨者擁戴這類政客的情況下，便有可能促成類似暴民心理（mob mentality）的心態──任何人跨出了隱形的疆界都將被消音。

　　雖然自戀型人格、邊緣型人格與反社會型人格（antisocial personality disorder）（又稱社會病態〔sociopathy〕）等特定人格疾患的患者比較可能以煤氣燈操縱的方式操弄他人，但煤氣燈操縱其實並非專屬於自戀者與反社會者的情緒虐待策略，即使沒有罹患人格疾患，也可能會對他人進行煤氣燈操縱，只是背後的理由也許不盡相同。在一開始，我們可能無法輕易辨識出對方對我們的虐待，而在親密關係中，要指出有問題的行為舉止更是不容易──我們認為最親密的人會關心我們的身心健康，煤氣燈操縱專家卻能在傷害我們的同時，讓我們相信他／她是在為我們著想。

　　當你察覺自己在各種情境與關係中受到煤氣燈操縱，你也許會感到不知所措，甚至絕望。情緒虐待的倖存者經常會自我懷疑、失去信心，受焦慮症與憂鬱症等心理疾病所苦，但希望終究是存在的，你可以學著辨識出煤氣燈操縱的種種跡象，並在受傷後復原。

　　如果在閱讀本書時，你發現自己也是煤氣燈操縱的受害者，那麼，請務必記得：你也可以復原。在閱讀過程中，你會認識到這

種難以察覺的情緒虐待形式，加深對它的瞭解，學到幾種扎實的技能，防止自己再次受害，並且逐步治療過往的傷痛。我之所以會全力支持受到煤氣燈操縱、自戀者虐待與情緒操縱的倖存者，都是受到個案們的勇氣與毅力鼓舞，感謝他們幫助我找到對這份工作的熱忱——現在，輪到你將療傷的方法傳承下去。

○ 如何使用本書

我書寫這本工具書的目的，是為了將所謂「煤氣燈操縱」的情緒虐待手法公諸於世。本書分為三大部分，第一部，是探索與辨識煤氣燈操縱跡象的方法，幫助你瞭解在人際關係中使用這種手段的人的目的，並教你如何在各種關係與環境中辨識出形形色色的煤氣燈操縱手法。我準備了幾道練習題，好幫助你承認自己受煤氣燈操縱的經驗，並建立自我疼惜，以便踏上療傷之旅。

第二、第三部則會帶你進行各種訓練與練習，協助你建立自尊心、加強自信且能肯定地為自己的想法辯護、設立界限，並打造更健康的人際關係。這本工具書會從頭到尾地帶著你真切認識煤氣燈操縱的運作原理，教你如何辨識它，並幫助你在受傷後復原。

我知道讀者可能會很想直接跳到練習的部分，但我還是鼓勵大家從頭讀起，循序漸進地將每一個部分讀完，先奠定基礎，再接著往下。在進行一些練習時，你可能會感到難受，也可能會需要多次回顧同一道習題。**請不要放棄**。有時候，我們只能以**穿越**傷痛的方式走出來，療傷也正是一份穿透傷痛的任務，所以請給自己一些耐心，好好照顧自己。

如果你感到受創太深、完全不知所措，或者在療傷過程中遇到了瓶頸，請考慮尋求額外的協助。在受到情緒虐待後，療傷並不容

易，你可以向諮商師尋求幫助；有技巧與同理心的諮商師能為你提供非常好的支持。

挑選合適的諮商師

你已經決定找諮商師協助療傷嗎？那太好了！問題是，你該從哪裡開始呢？

在尋找最適合自己的諮商師時，可以考慮對方的證照、教育、療法、專長與收費。我建議你找一位有執照的心理治療師、專業諮商師、心理學者，或是專門為情緒虐待與／或毒性關係（toxic relationship）倖存者進行輔導的臨床社工。

網路是相當實用的工具，你可以透過網路尋找最適合幫助你的人。一些線上登記表列出了臨床醫師的執業地點與專長領域，而本書最後的資源部分（請見第202頁）也列出了一些美國的全國登記名單。如果你希望透過介紹的方式找諮商師，也可以詢問親友或初級照護醫師。

這裡的關鍵是要找到和你個人合得來的諮商師。很多臨床治療師都願意提供免費的初步電話諮詢服務，你可以在和對方討論之後再安排正式的療程，也可以趁這個機會問諮商師有沒有幫助客戶走出煤氣燈操縱與毒性關係的經驗。請記得：挑剔也沒關係，你就是該找個最適合自己的人，好支持你走完這一趟療傷之旅。

PART
1
煤氣燈操縱的影響
THE GASLIGHTING
INFLUENCE

　　人際關係中的煤氣燈操縱可能會擴大影響到你的生活。煤氣燈操縱造成的困惑、猜疑與迷惘，除了衝擊你和對方的虐待關係之外，還會影響到你和朋友、家人、愛人、同事的關係，甚至是影響到你和自己的關係。

　　煤氣燈操縱手法會將你和生活中所仰賴的支柱分離，你會逐漸遠離自我，也失去相信自己的能力。當你無法和自己所感知到的現實產生連結，這會讓你更容易遭受進一步的虐待，你也會更加依賴煤氣燈操縱者，以及他們的扭曲現實觀。在剛開始踏上這場療傷之旅時，我們會先幫助你辨識並瞭解煤氣燈操縱對你生活的種種影響。

1　煤氣燈操縱是什麼？
What Is Gaslighting?

煤氣燈操縱是一種心理上與情緒上的虐待，使受害者懷疑自己的現實、判斷、自我認知，甚至在極端情況下令他們懷疑自己的精神狀態。操縱者會扭曲事實，以便操控、迷惑與控制受害者。

「煤氣燈操縱」一詞源自派崔克‧漢彌爾頓（Patrick Hamilton）於一九三八年推出的戲劇《煤氣燈下》（Gas Light），該劇後來於一九四〇年與一九四四年改編成電影。在故事中，一名男子以操縱與欺騙的方式讓太太以為她瘋了，男子的其中一種手段是將家中煤氣燈的亮度調暗，讓燈光變得閃爍不定。當太太問起燈光的事時，男子便說服她燈光並沒有變暗，說那不過是她自己腦中的幻想。二〇〇一年的電影《艾蜜莉的異想世界》（Amélie）中，主角艾蜜莉也對某個商店老闆進行了煤氣燈操縱：艾蜜莉溜進對方家中，改變物品擺放的位置，還改變了商店老闆的電話設定，讓他在以為要打給母親時撥電話到精神病院。在這一系列操縱過後，商店老闆感到害怕又困惑，以為是自己瘋了。

現代人擴充了煤氣燈操縱一詞的用法，如今，我們把這個詞作為形容操縱受害者，讓對方懷疑自己現實觀、記憶或感知的手段。加害者不一定需要改變物理環境，而可能是以質疑、譏諷或否定對方經歷的方式進行煤氣燈操縱，使受害者對自己的感知失去信心。

○ 受到煤氣燈操縱的社會

在這個時代，人們隨時都能查核事實，也幾乎立刻可以查到答案——與此同時，人們也頻頻宣稱自己看到的是「假新聞」。一些新聞報導的確是虛構的，但現實可不假。當領袖人物與公眾人物宣稱可輕易查證的事實為假，他們就是在進行大規模的煤氣燈操縱；即使在面對照片、錄音或影片證據時，操縱者也經常會聲稱自己是被斷章取義、被誤解，或者被刻意曲解。這種行徑在許多方面而言都相當危險，社會層級的煤氣燈操縱行為可能會改變是非的規則——改變人們對道德的看法與定義。有權有勢的人物在進行煤氣燈操縱時，可以貶低挑戰者的可信度、智力、自主能力與理智，並藉此讓那些針對自己的挑戰失去效果。

另外，領袖人物也可能會對追隨者進行煤氣燈操縱，鼓勵人們加入集團思想（groupthink），防止獨立個體的離群表現，並且也防止人們承擔起個人責任。從事這類行為的人，往往是打著團結統一、愛國與對領袖忠誠的大旗，歷史上多的是有人利用集團思想將國家推向仇恨、盲從與大規模的殺戮。

煤氣燈操縱並不是新創的詞彙，卻在過去數年受到了前所未有的推廣使用，整體社會在個人、職場與政治領域都逐漸注意到了煤氣燈操縱的跡象，並且，在某一個領域經歷過煤氣燈操縱的人，就可能會對其他領域的惡性情緒虐待更加敏感。我想在這裡分享一份好消息：我們越是能辨識出煤氣燈操縱的跡象與症狀，就越能夠抑制它可能造成的傷害。

社群媒體與廣告效應（advertising effect）

在有了社群媒體的時代，我們必須面對人們過去前所未見的煤氣燈操縱手段。近數十年來，虛擬社群與線上團體的人氣水漲船高，AOL即時通、聊天室、MySpace與LiveJournal等個人網站，當然還有Facebook，都在這裡面扮演不容忽視的角色，觸及了網民無數。二十年前還沒有社群媒體網紅這份職業，但在今天，人們已經能以「讚」數為基礎，打造出龐大的網路帝國。

有一些人可能透過廣告達到了更隱蔽的煤氣燈操縱效果，尤其是利用廣告來說服使用者矯正自己原本沒注意到的缺陷。在網路上展現可能不符合現實的形象相對容易，可能修個圖就完成了，而儘管圖片明顯經過修改，還是會有人堅稱自己沒有修圖。在社群媒體與廣告方面，你可能沒辦法相信自己的眼睛，但有時候仔細一看，你就會看見別人移除相關事實與細節時造成的失真———這裡頭的關鍵，就是識別能力。

○ 煤氣燈操縱的跡象

各種情境、各種人際關係中都可能發生煤氣燈操縱的現象，它們的核心都是操弄與控制，但特定的跡象與徵兆則可能會隨關係的型態而發生變化。在這本書中，我們會探討三種人際關係中的煤氣燈操縱現象：職場關係、戀愛關係與親友關係。

▍職場關係

　　員工與主管、客戶與員工，或是同事彼此之間都可能發生煤氣燈操縱，我們平時比較常看到主管對員工的煤氣燈操縱，但無論是何種職場關係，都可能找到這種操縱手段的徵兆。以下是五種常見的跡象，如果你遇過這些狀況，便可能是在職場上受到了煤氣燈操縱：

有人毫無根據地議論你的是非

　　作為煤氣燈操縱者的主管或同事可能會透過議論是非的方式試圖抹黑你，如此一來，他們也許能比較輕鬆地將過錯推到你身上。這些流言蜚語與謊言可能和你的工作表現毫無關係，也可能根本是完全錯誤的，但操縱者會將它們當作證據，試圖證明你不可靠、不可信賴。你很少直接聽到他人在你背後說的話，所以很難與這些流言蜚語抗衡。

你一再受到質疑

　　煤氣燈操縱者的最終目標是讓你不再相信自己，也讓他人不再相信你。它們可能會否定或貶低你的指示，也可能質疑你的判斷力，或者撤回你對員工的指示。在辦公室裡，他們甚至不必發言，便能降低你在人們心目中的價值——操縱者不用出聲評論，可以翻個白眼、無奈地盯著某處，以無聲的方式暗示你太過無能。

煤氣燈操縱者要求你讀懂他們的心思

　　職場上另一種常見的煤氣燈操縱手段，是要求你別光聽對方的字面意思，還要用不知什麼方式去瞭解對方真正要的是什麼。假設你按照對方的要求交出一份報告，對方卻抱怨說你沒加上他們要

的細節（但他們事前並沒有告訴你要加入這些細節）——在這種情況下，客戶因為你沒有讀懂他們心思而對你進行煤氣燈操縱式的行為，可能會在別人面前將你說得很懶、很蠢，或想法很僵化。

別人用雙重標準看待你

雙重標準是發生在職場的煤氣燈操縱現象中最令人火大的面向之一，操縱者可能會設下某套標準或對你提出嚴苛的要求，自己卻沒有遵守那套標準。舉例而言，同事不允許你在開會時表現出情緒，但同事自己在會議上受到質疑時卻大發雷霆。如果你在會議上有類似的反應，可能會被檢舉或開除，同事卻能以自己是「性情中人」為藉口逃避責罰。

你經常成為代罪羔羊

發生職場衝突時，人們可能會用煤氣燈操縱的方式讓員工、主管或客戶成為代罪羔羊，將那個人說成問題的唯一根源。舉例而言，上司可能會舉報下屬不服從命令，卻不承認自己有貶低那名下屬，或說了不利於下屬的謊話。員工也可能對上司或同事進行煤氣燈操縱，聲稱自己受到了不公平的懲罰，而不承認自己再三遲到、無故缺席或沒能完成交辦事項。

▎ 寫作練習

你有經歷過職場關係中的煤氣燈操縱嗎？你看過哪些跡象？它們對你的工作造成了什麼影響？

_____

_____

_____

_____

_____

_____

_____

_____

█ 戀愛關係

你應該聽過所謂的「毒性關係」吧？要判斷一段關係健康與否，關鍵之一，就是檢視那段關係是否有著情緒虐待與操控的成分。毒性戀愛關係中經常發生煤氣燈操縱的現象，施虐者會用這種手段有效地控制伴侶。

我們來看看戀愛關係中幾種常見的煤氣燈操縱跡象吧：

對方直接對你說謊

直接說謊與否定伴侶的經歷，也是一種煤氣燈操縱手法。在這之中，也包括了無視顯而易見的證據、否定某種行為，或是扭曲事實、好讓受害者在外人面前丟臉。操縱者也可能杜撰一段悲傷的故事以博取伴侶的同情，並轉移伴侶的憤怒、苦惱或懷疑。

你的伴侶不忠

煤氣燈操縱也可能以不忠的形式登場，在這種情況下，操縱者可能會變本加厲地將他們這些行為的責任推給你。除此之外，當你因為他們的不忠而受傷或憤怒時，對方可能會試圖將你描繪成嫉妒到失去理智的人。操縱者伴侶為了將自己劈腿的行徑合理化，往往會讓你覺得自己無論在感情中付出了多少都不夠。

伴侶對你施加壓力，逼你陷入孤獨

對情緒虐待者而言，孤獨是非常強大又危險的工具。煤氣燈操縱者可能會聲稱只有他們足夠愛你、願意忽視你的缺陷，他們可能會批評你的親友、說你的這些親友「就是不喜歡」他們，並以誇張的言詞或謊言支持自己的論點。當你陷入孤獨，對方便能更輕鬆地控制你，你也不會有機會獲得旁觀者清的見解。

你受到霸凌或威嚇

在其他方法都不管用時，煤氣燈操縱者可能會以直接霸凌的方式掌握權力。對方可能會隱晦或直白地威脅你、你的寵物或你的小孩，如果你不服從，他們還可能會威脅說要對你的上司說謊，或編造不實的罪名報警逮捕你。除此之外，霸凌也可能在網路上進行，對方可以透過電子信件或電話騷擾你，或者在網路上百般糾纏。

對方指控你心懷惡意

戀愛關係中，有另一種確定會讓受害者亂了套的手段，就是聲稱某些無辜且無害的事件其實飽含了惡意。你也許以為你們雙方在互開玩笑，不會傷到對方，操縱者卻突然轉而指控你殘忍對待他們，或是心存惡意地譏諷他們。他們可能會聲稱你是存心激怒他們，或指控你用自己恐懼或驚訝的反應操弄他們。

▌寫作練習

你有經歷過戀愛關係中的煤氣燈操縱嗎？你看過哪些跡象？它們對你和對方的感情造成了什麼影響？

_____

_____

_____

_____

_____

▌ 親友關係

　　親友可以是我們生活的根基，也可以是鑿碎我們生活根基的電鑽。對於親密人際關係該如何運作，我們都有特定的期望，對愛人的忠誠不僅是本能，也被視為重要的社會價值。我們期待和自己最親近的人會來關心我們身心健康，會給我們愛與尊重，而煤氣燈操縱者可能會利用這些期望來傷害你。他們可能會對你施壓，要求你不顧自己的判斷、感知與需求，將你對這份關係的忠誠擺在第一順位。或者，他們可能會暗示是你太愚蠢了，才會期望最親近的人給你愛與尊重。

　　我們來看看親友關係中常見的煤氣燈操縱有哪些跡象：

對方讓你感到愧疚

　　煤氣燈操縱者親友如果想逼你做出符合他們期待的行為，很可能會利用你的罪惡感。雖然你沒做錯事，親友可能還是會讓你覺得自己做了什麼糟糕的事情，讓你在感到愧疚的同時，比較可能為了安撫施虐者或彌補「過錯」，進而服從他們。

你被當成反應過激的人看待

　　當你對煤氣燈操縱者指出他們的行為有問題時，可能會觸發對方的防禦機制，他們往往會將自己的行徑合理化，並提出種種藉

口，藉著這種方式避免為自身行為負責。對方會暗示是你反應過度激烈，甚至是你在攻擊他們。操縱者會將對質當作攻擊行為看待，如此一來，便能理所當然地將自己的反應說成自我防衛。

對方讓你覺得你（合理）的要求太過沉重與不公

煤氣燈操縱者會把你合理的要求說得既沉重又不公平，這是在暗示你要求太多，不知好歹。在這種情況下，操縱者是用苦肉計壓下你所提出的需求；他們要告訴你，你的請求對他們造成了莫大的負擔，希望你為自己提出要求的行為感到懊悔、慚愧。

你受到責難與羞辱

在責難與羞辱的效果之下，一個人所作所為的全部責任都被轉嫁到另一個人身上。這在家暴案例中特別常見，施暴者往往會將暴力事件歸咎於受暴者，說都是對方挑起了爭端。煤氣燈操縱者會用這種手段將自身行為的責任推得一乾二淨，並讓受害者認為是自己活該被虐待。

你受到報復

當受害者表現出正常的獨立自主行為，煤氣燈操縱可能被作為報復手段。舉例而言，一名青少年決定在生日當天出門和朋友慶生，而不是和家人慶生，這是符合青少年發展的欲望。對孩子進行煤氣燈操縱的家長看見孩子如此表現時，可能會採取「焦土政策」，不讓孩子參加任何家庭活動。不得參加任何家庭活動或和家人互動的孩子可能會大受打擊，尤其當孩子的目的並不是結束親子關係，只是想為自己爭取一些獨立的空間時。

▌寫作練習

　　你有經歷過親友關係中的煤氣燈操縱嗎？你看過哪些跡象？它們對你的自我感知與這份人際關係造成了什麼影響？

_____

_____

_____

_____

_____

_____

○ 煤氣燈操縱的副作用

　　煤氣燈操縱可能在受害者生活中的許多方面都留下長久的影響。請讀過以下每一項描述之後，勾選符合自身狀況的項目。

☐ 缺乏信心／自尊心

　　煤氣燈操縱手段會使受害者懷疑自己的感知、思考過程與結論，因此受害者經常對自己沒有信心。受害者質疑操縱者或提出異議時，操縱者便會讓他們以為是自己錯了。

☐ 不快樂／喪失樂趣

　　一個人如果被一再糾正、否定或輕視，他可能會就此失去自我表現的樂趣。在加害者以煤氣燈操縱的方式控制或操弄他人時，受害者可能會覺得自己被壓抑與受到約束，他們可能會開始逐漸認定自己什麼都做不好，也永遠不可能滿足別人對他們的期待。這種思考方式可能會帶來一種悲傷的感受，受害者也

會失去分享見解與經驗的熱忱。

☐ 非必要的歉意

煤氣燈操縱的受害者往往會在沒做錯事時習慣性地道歉。有些施虐者會將自身感受或行為的責任強加到受害者身上，受害者在接受了這些罪責的同時，就會感覺必須為那些自己不能控制的事物負責。他們可能會因為自己對某事有意見、哪裡出了個小差錯或因故無法參與社交活動而表達不必要的歉意。

☐ 優柔寡斷

煤氣燈操縱受害者往往無法果斷做決定，也可能頻頻懷疑自己做的選擇。「你確定這是你要的嗎？」——對許多人而言，這可能是再尋常不過的問題，但煤氣燈操縱受害者聽在耳裡，可能會立刻開始質疑自己的決策，變得猶豫不決。受到這類情緒操縱的人可能頻頻遭受羞辱或譏諷，以致無法果斷接受自己的主張並堅持下去；他們擔心自己的決定令別人不滿，有時甚至連簡單的決策也會使他們煩惱不已。

☐ 迷惘困惑

煤氣燈操縱之所以效果極強，是因為施虐者會令受害者感到困惑，開始懷疑自己的信念與感受。操縱者會挑戰受害者的人格、知識、感受和／或感知經驗，用操縱者自己的感受與經驗取而代之，進而讓受害者覺得腦子一團混亂。在我們整理自己的想法與感受時，若有其他人逼迫我們接受他們的想法與感受，我們當然會感到混亂與困惑。操縱者會製造並充分利用這份困惑，確保受害者無法找回平衡與信心。

☐ 自我懷疑

當煤氣燈操縱的行為一再重複，這會使受害者懷疑自己的感知輸入（sensory input）、感受與判斷，這樣的結果，往往會讓受害者感覺自己太過無知、資訊貧乏，且受到了誤導，有時甚至會懷疑起自身的意圖。在自我懷疑的作用下，受害者比較不會去挑戰操縱者，因此無法擺脫對方的虐待與控制。

☐ 焦慮

經常受煤氣燈操縱所苦的受害者可能會時時感到些微的焦慮，卻找不到明確的原因，他們也許會一再檢查自己的工作成果，或請別人替他們做檢查。即使在當下未受煤氣燈操縱的情況下，受害者可能也會感到焦慮，也有一種常見狀況是受害者體驗到預期性焦慮（anticipatory anxiety），為未來的事件與情境憂心不已。

☐ 否認他人的煤氣燈操縱行為

煤氣燈操縱非常有效，其中一個原因是施虐者會說服受害者相信這些行徑都是出於關愛，或者是施虐者真心想幫忙。這種策略會使受害者心中產生感激與虧欠對方的感受，於是會認為自己不應該將操縱者的行為解讀為出於惡意。就算把煤氣燈操縱者虐待他們的所有證據拿出來，受害者也可能會拒絕接受，相信操縱者「只是想幫忙」的謊言。

☐ 憂鬱

有時，前述的不快樂與喪失樂趣感會變得更加嚴重，尤其在受

害者受到長期且針對個人的煤氣燈操縱之時，這份不快樂可能會轉化為憂鬱與無望。受害者也許會相信自己有根本上的缺陷，進而陷入絕望，擔心自己永遠都不可能「變得夠好」或「把事情做好」。受害者可能會變得憂鬱，認定自己目前的情境就已經是最佳狀況了，從此不再期望狀況改善。

□ 極端的壓力

在發生嚴重情緒虐待的情況下，煤氣燈操縱可能對受害者造成極端的壓力。舉例而言，在戲劇版與電影版《煤氣燈下》的故事中，丈夫再三堅持是太太失去了理智，這讓太太感覺壓力極大。這份壓力可能會令人失去行動能力，使受害者更容易受到進一步的虐待，並依賴操縱者替他們判斷現實，結果深深陷入虐待的循環。

▌寫作練習

以上哪一種副作用的描述最讓你產生共鳴？這種副作用是以何種形式出現在你的生活中？

_____

_____

_____

_____

_____

_____

_____

_____

2 煤氣燈操縱者
The Gaslighter

　　我們會在本章節分析幾種最常見的煤氣燈操縱者。這種形式的情緒虐待（亦即煤氣燈操縱）經常與自戀型人格疾患、邊緣型人格疾患，與反社會型人格疾患有所關聯；《精神疾病診斷與統計手冊第五版》（*Diagnostic and Statistical Manual of Mental Disorders, Fifth Edition, DSM-5, 2013*）將人格疾患定義為「一種明顯異於周遭文化期待、持久的內在體驗模式與行為模式」。相關的問題特徵與行為是持續不斷的，而且會讓個人無法正常表現，這使得患者自身很痛苦，也對他人造成痛苦，擾亂了他們的生活與人際關係。

　　有些人表現出來的特徵可能並不符合精神健康診斷的標準，對這些不太能診斷出哪裡有問題的人，我們可以用「近精神變態」（almost psychopath）一詞形容，這類近精神變態者可以用魅力蠱惑、操縱他人，也可以是霸凌的佼佼者，卻還不到真正罹患精神疾病的程度。無論是誰，都可能虐待別人，但並不是所有的施虐者都有人格疾患。

○ 施虐者剖析

　　煤氣燈操縱可能是好幾種人格疾患中都有的一種症狀，而美國國家精神衛生研究院（National Institute of Mental Health）的數據顯示，大約有百分之九的成人符合人格疾患的診斷標準。一個人有煤氣燈操縱行為，並不代表他或她患有人格疾患——也的確有很多操縱

者並未被診斷出患有精神疾病——不過，人格疾患患者（不管有沒有被診斷出來）很有可能在許多人際關係中進行煤氣燈操縱。在這章，我們將煤氣燈操縱視為比較常被診斷出的某幾種人格疾患之延伸行為，並進行相關討論。

▎ 自戀型人格疾患

　　人格疾患是多種人格特質的集合，這些特質會在患者的各種人際關係與不同環境中出現，在這些關係中造成傷痛與苦惱。自戀型人格疾患患者經常表現出的特質包括：態度浮誇、過分需要受人欽慕、缺乏同理心與洞察力、時時刻刻需要他人的讚美、相信自己與眾不同且值得擁有特殊待遇、常有強制或操控他人的行為，以及傾向以霸凌別人的方式來成全自己。

　　這種人格疾患患者會占別人便宜，為了私利而操弄與利用身邊的人，他們可能會以煤氣燈操縱的手段剝奪他人的權力，進而維持自己的優越感。許多政治人物與企業中的掌權者都高度展現出自戀型人格疾患的特徵，這些位高權重者可能會透過煤氣燈操縱的方式煽動追隨者或壓制反對者，為了個人目的，犧牲他人的福祉。

▎ 邊緣型人格疾患

　　邊緣型人格疾患的特徵是：情緒反應強烈、強烈恐懼他人對他們的否定、人際關係不穩定，以及內心常有空洞感。此外，這種人格疾患的患者往往時而將愛人理想化，時而貶低愛人的價值，受困於將他人拉近與推遠的循環。

　　邊緣型人格疾患患者會不遺餘力地避免被人拋棄或感覺被拋棄，手段包括在伴侶試圖離開他們時以傷害自己來要脅對方。此外，他們也可能以煤氣燈操縱的方式，令他人認為自己該對操縱者

的健康與福祉負責，而在這種情況下，煤氣燈操縱的重點比較不是刻意控制他人，而是在於滿足邊緣型人格疾患患者對安全感的需求。

▋其他反社會型人格疾患

反社會型人格疾患與精神變態者也比較可能成為煤氣燈操縱者。反社會型人格疾患又稱為社會病態，特徵是會忽視或侵犯他人的權利，且不會遵守社會規範。他們可能使用的煤氣燈操縱手法包括說謊或欺瞞，而他們傷害的對象比較常是陌生人，而不是自己在意的親友。

我們有時會交替使用「反社會人格」與「精神變態」二詞，但其實這兩者特徵的強度與針對的對象都有差異。反社會者比較不會刻意針對和自己關係親近的人，而精神變態者對家人、朋友與陌生人都同樣可能做出傷害行為。精神變態者與反社會者同樣不在乎自身行為的後果，不過前者無法同理他人或感到懊悔自責，甚至可能以傷害他人為樂。

○ 煤氣燈操縱的目標

施虐者會透過煤氣燈操縱的方式控制受害者，無論何種情境、何種關係的對象都可能受害。操縱者有五個病態的目標，包括：

▋令受害者失去分辨能力

煤氣燈操縱會使受害者心生懷疑與困惑，因為他們質疑自己的判斷與感知，可能無法輕易區分是非對錯、健康與不健康、自身觀點與施虐者的觀點。在煤氣燈操縱的作用下，受害者無法信任自己辨識情境真相的能力，於是逐漸依賴操縱者替他們「檢驗現實」，

結果變得越來越迷惘。

▌讓受害者噤聲

在受害者沉默與保密的情況下，操縱者得以變本加厲地虐待他們，利用煤氣燈操縱有效地令受害者懷疑自己的可信度，從而確保他們保持沉默。施虐者會以說謊與敗壞受害者信譽的手段，降低受害者的影響力與影響範圍。另外，操縱者可能會讓受害者以為自己的經歷與言論不可信，所以也不會有任何人相信他們。

▌建立自己「有資格」如此對待受害者的權利

施虐者會操弄受害者，令受害者放棄自己認知的現實，並且逼他們接受施虐者提出的版本。煤氣燈操縱者是如何用自己的感知取代受害者的感知體驗？答案是，他們會使用「另類事實」（alternative facts）操弄對方。操縱者不在意受害者的觀點，他們重視的是掌握權勢、受人景仰與控制情勢的感覺；虐待者會輾壓受害者，因為他們認為自己有資格改變他人的現實，不會質疑自己認知的現實。

▌貶低與斥責受害者

煤氣燈操縱者可能會將受害者受虐時的情緒反應描述為幼稚或不成熟，藉此貶低與羞辱他們。當受害者受到刺激後做出反應，操縱者會為此斥責他們，暗示這不是施虐者的錯，而是受害者自己的問題。此外，施虐者也可能對受害者的成功與成就表示輕蔑，貶低受害者的自尊；他們可能會在受害者感到自豪時批評一番，暗示受害者還不夠努力，如果足夠努力了才會展示出真正值得自豪的事蹟。

▌將自己對待受害者的方式合理化

　　加害者可能會以煤氣燈操縱的手段來說服受害者，讓他們以為這些虐待行為都是情有可原。當受害者對自身的精神狀態跟判斷能力越來越沒信心，他們就會越來越依賴、接受操縱者提供的現實，而在受害者相信自己活該被這樣對待時，就比較不會去反抗或挑戰對方的問題行為。除此之外，操縱者可能會說服自己，他們是為受害者著想才做出如此嚴厲或粗暴的行為，這樣對待受害者是應該的，也是合理的。

▌寫作練習

　　煤氣燈操縱這種形式的情緒虐待之所以有效，是因為它以一種很有系統的方式瓦解了受害者的自信、自主能力與自我效能（self-efficacy）。前一節提出的五種目標能夠讓操縱者更全面地控制住受害者。想想看，你生活中的煤氣燈操縱者是用什麼方式在關係中達成這些目標的？請分別寫下對方為了達成這五種目標而對你使用的手段，以及你所受到的影響。

_____

_____

_____

_____

_____

_____

_____

_____

煤氣燈操縱者的常見說詞

　　以下是煤氣燈操縱者經常使用的幾種說法，請勾選你覺得耳熟的項目。

☐ 「要不是你刺激我，我也不會說出那樣的話。」在此，操縱者將罪責推給了受害者，目的是讓對方相信自己活該受虐。

☐ 「是你故意曲解了我的意思。」這句話是在責怪受害者沒讀懂煤氣燈操縱者的心思，並暗示是受害者扭曲了操縱者「單純」的意圖。

☐ 「你明明知道我對這件事情的感受，結果還是不顧我的感受去做了，所以是你害我產生這種反應的。」這句話暗示是受害者招惹了操縱者，所以操縱者會以虐待行為作為回應也是合情合理。

☐ 「你說的事情根本就沒發生過。」操縱者否定了受害者的記憶與經歷，使對方感到困惑與混亂。另外，操縱者也會對外人否定這些事件，或聲稱自己不記得有發生過這些事情，降低受害者在外人眼中的可信度。

☐ 「你說這些話，聽起來簡直像是瘋了。」操縱者否定對方的感受或信念，宣稱這些說法聽上去像是胡言亂語，從而令受害者自我懷疑並感到焦慮。

☐ 「你是故意要讓我混淆吧。」這句指控扭轉了施虐者與受害者角色，迫使真正的受害者為自己的行為辯白。

☐ 「你到底在說什麼，我完全聽不懂。」操縱者聲稱聽不懂受害者的困擾，意思是對方的經歷太過異常，甚至到了難以理解的地步。聽操縱者這麼一說，受害者會懷疑是不是自己多心了，或者是自己的記憶出了問題。

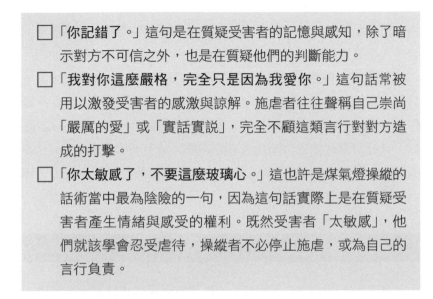

□「你記錯了。」這句是在質疑受害者的記憶與感知，除了暗示對方不可信之外，也是在質疑他們的判斷能力。

□「**我對你這麼嚴格，完全只是因為我愛你。**」這句話常被用以激發受害者的感激與諒解。施虐者往往聲稱自己崇尚「嚴厲的愛」或「實話實說」，完全不顧這類言行對對方造成的打擊。

□「**你太敏感了，不要這麼玻璃心。**」這也許是煤氣燈操縱的話術當中最為陰險的一句，因為這句話實際上是在質疑受害者產生情緒與感受的權利。既然受害者「太敏感」，他們就該學會忍受虐待，操縱者不必停止施虐，或為自己的言行負責。

○ 瞭解煤氣燈操縱行為

現在，既然你熟悉了煤氣燈操縱有哪些跡象與目的，以後就比較有辦法避免受人操縱了。有時候，當我們回顧過往，卻在自己一度以為是「愛」的關係中找到操縱的跡象，可能會感到十分難受。你也許會問自己：當初我怎麼沒看穿對方的操縱行為？為什麼我承受了這麼多痛苦之後才終於發覺真相？你也許會覺得自己受損、壞掉了，或者覺得是自己太過愚蠢才會受害。請對自己寬容一點——你只是被有施虐傾向的人找上了而已，這並不代表你具有某種人格缺陷。

在尋找受害者時，施虐者的目標人選往往有這兩種特質：「易受傷害」與「值得擁有」。有些操縱者會挑選出願意忽略糟糕的對待與虐待行為的人，專門找那種希望別人認為他們好相處又親切的

人，因為這類人比較不會指出操縱者的行為，也比較容易受操弄。有些人是真的對別人太好了，操縱者就會利用這一點來控制他們。

　　看起來有自信、成功、富有或引人注目的人同樣可能被當成目標。操縱者會受能幹又有自信的人吸引，接著就透過「愛意轟炸」（lovebombing）的方式拉近自己與對方的距離——所謂的愛意轟炸，就是對潛在受害者傾注大量的喜愛、讚美與假性親密（pseudo-intimacy）。一旦受害者上鉤，施虐者便會開始進行煤氣燈操縱，逐漸破壞當初吸引他們的那份自信。

煤氣燈操縱受害者剖析

　　是不是有某些性格類型的人比較容易受煤氣燈操縱呢？施虐者會因為各種不同的理由找上不同的受害者，不過許多受害者確實都有幾種共同點：很多受害者都是討好型人格，過於注重禮貌、親切與受人歡迎。這種人相當誠懇，在乎他人的感受，可能會不忍心拒絕別人或為此感到愧疚。此外，受害者很可能會替施虐者失禮或傷人的行為找藉口，或者忽視這些行為，過分地容忍他們。

　　你符合煤氣燈操縱受害者的形象嗎？請填寫以下的自我檢測：

煤氣燈操縱受害者自我檢測：

　　請評估以下每一句敘述是否符合自身狀況，圈選「經常發生」、「偶爾發生」或「極少發生」。

1. 如果不贊成別人的意見，我會覺得是自己在「引起爭端」，我會儘量避免這類狀況。

經常發生　　　　偶爾發生　　　　　極少發生

2. 我擔心自己如果拒絕別人，會令他們傷心。

經常發生　　　　偶爾發生　　　　　極少發生

3. 比起自己的意見，我更尊重他人的意見。

經常發生　　　　偶爾發生　　　　　極少發生

4. 如果我有了成就而伴侶沒有，我會覺得自己的成功傷到了
對方。

經常發生　　　　偶爾發生　　　　　極少發生

5. 我覺得我該加強對自己情緒的控管。

經常發生　　　　偶爾發生　　　　　極少發生

如果以上敘述有超過三項「經常發生」，你可能是煤氣燈操縱的高風險族群。請記得，你的聲音與意見都很重要，拒絕別人也沒關係，而且你有受人尊重的權利。

PART
2

復原三階段
STAGES OF
RECOVERY

　　在受到情緒虐待後，我們的復原過程必須一步一步慢慢來。復原過程就和建造房屋一樣，得先打下穩固的地基，而復原的第一步，就是看清並接受痛苦的現實，認清自己在人際關係中所經歷的虐待。在復原的第一階段，你會先承認事實並自我疼惜，你會指認、探索，並接受自己在生活中遭遇到的煤氣燈操縱。治療的第一個步驟就是認知到傷口的存在，接著，是建立起對自己的包容與諒解。

3　第一階段（認知與自我疼惜）
Phase One (Acknowledgment and Self-Compassion)

如今，既然我們已在前面打好了基礎，你可以展開從煤氣燈操縱中復原的旅程了。我們在前面章節裡討論了煤氣燈操縱是什麼、這類行為在不同情境中以何種形式呈現出來，還有煤氣燈操縱對人際關係造成了什麼樣的傷害。此外，我們也介紹了它的種種跡象與副作用，以及人們使用這種虐待手段的理由。現在輪到你行動了，接下來，你會開始探索並承認煤氣燈操縱對你個人造成的影響。

本章收錄了一些練習題與省思寫作題，能幫助你瞭解不健康的人際關係與這類關係中的操縱行為。在復原的路上，第一步是發現並允許自己承認事實：你是煤氣燈操縱的受害者。藉由給事情真相一個名字，可以點明事情的本質，令人困惑的經歷就不會再看起來如此神祕了。本章的第一節會協助你走過這個流程，帶你回顧自己過往與現今的人際關係。

在承認自己曾受過情緒虐待時，你可能會產生羞愧感。煤氣燈操縱會傷害你的自尊，也會扭曲你的自我認知，因此在復原的道路上，學會自我疼惜是非常重要的。自我疼惜是一種心態，你可以儘量對自己寬容、努力理解自己，並承認自己受過的傷，在這段過程中不要去批評或責怪自己。你已經受人操弄、在關係中受到了虐待與傷害，現在再自責也沒有幫助，對受傷的自己心懷寬容與同情才有助於療傷。

那麼，我們這就邁開腳步，踏上旅程吧！

○ 辨識出操縱行為

　　你能辨識出煤氣燈操縱的跡象嗎？我們在此提供一些小故事，並附上三道練習題，幫助你辨認出真實生活情境中煤氣燈操縱的跡象。請仔細閱讀小故事，看看是否能找出不同情境中操縱的跡象與副作用。必要時，可以複習第一章「煤氣燈操縱的跡象」與「煤氣燈操縱的副作用」等段落（請見第13到23頁）。

▌破碎的希望

　　茉莉亞等不及要搬進大學宿舍，作為獨立的成年人展開新生活了。她興高采烈地告訴媽媽，她打算加入校內的體育團隊。「我覺得自己可以去嘗試新的活動了！」她興奮地說。沒想到媽媽聽了卻哈哈大笑，令茉莉亞感到無比受傷。

　　「唉，親愛的，」媽媽用輕視的語氣說道，「你明明就知道以你這種體育能力，是沒辦法參加體育競賽的。」茉莉亞感覺原本的興奮與自信都被抽乾了，本來以為自己可以在校內體育團隊上開開心心地鍛鍊新技能，現在卻沒那麼有信心了。「媽媽，對不起，你說得有道理，是我異想天開了。謝謝你幫我點出事實。」

▌辨識出跡象與副作用

1. 請辨識出這段母女互動中兩、三種煤氣燈操縱的跡象。

_____

_____

_____

_____

2. 請辨識出茉莉亞受到煤氣燈操縱影響而產生的兩、三種副作用。

_____

_____

_____

3. 你有沒有被親友煤氣燈操縱，進而影響到你的興趣、技能或計畫
的經驗呢？請寫下自己的經歷。

_____

_____

_____

▌指控迴力鏢

安德烈發現他的伴侶班恩傳了封帶有調情與性意味的簡訊給另
一個男人，他們過去已經為類似的情況爭吵過很多次了。安德烈感
到受傷又憤怒，於是決定和班恩對質，並提出分手與搬家的要求。

「我真不敢相信，不過是幾條簡訊而已，有必要這樣大驚小怪
嗎？」班恩用嫌惡的語氣抱怨道。「我沒有劈腿。是你自己曲解了
我傳給別人的訊息，只看到自己想看的東西。你為什麼疑心病這麼
重啊？每次都喜歡站上受害者的位子，我真是受夠了。你別想控制
我的言行。」班恩轉頭不去看安德烈，一副自尊心受創的模樣。安
德烈瞬間感到無比愧疚。

「班恩，我沒有要指控你劈腿的意思，我只是看到簡訊的時候
太激動而已。對不起，我不該攻擊你的，我只是希望我們能對彼此
誠實。」安德烈抱住班恩，懊悔地輕聲說：「對不起。我愛你。」班

恩轉向安德烈，回應了他的擁抱。「我原諒你。」

▌指認出跡象與副作用

1. 請指出這段伴侶互動中兩、三種煤氣燈操縱的跡象。

_____

_____

_____

_____

2. 請指出安德烈受煤氣燈操縱影響而產生的兩、三種副作用。

_____

_____

_____

_____

3. 你有沒有受伴侶煤氣燈操縱的經驗呢？請寫下自己的經歷。

_____

_____

_____

_____

對弱勢群體的煤氣燈操縱

　　任何人都可能受情緒虐待所傷，不過特定群體受嚴重傷害的風險特別高。無性戀、非二元性別、酷兒或跨性別人士的風險因子較其他族群多，因為既存社會信念與權力結構可能對他們

所受的情緒虐待造成加乘效果。LGBTQ 人士可能遭受的煤氣燈操縱可能包含：「酷兒」身分遭質疑、操縱者拒絕用正確的代名詞稱呼他們（按：性別錯稱），或者操縱者說服他們以為自己因為性向與性別認同而遭受虐待是應該的。

▌辦公室謠言

莎夏很期待接下來的績效評量，她在來到這個新職位後就非常努力，工作成果也相當亮眼。她和主管菲莉莎相處融洽，績效評量前的會議結束時，雙方都留下了正面的印象，菲莉莎甚至暗示要視莎夏的業績替她加薪。

菲莉莎請莎夏進她辦公室討論評量結果時，莎夏震驚又沮喪地發現主管在評量單上寫道：「莎夏的整體表現令人失望，她沒有投入特別的努力，卻認為自己應該加薪。如果想在本公司持續晉升，莎夏就必須重新設定對工作與薪資的期望，並且改善工作態度。」

閱讀這段文字時，莎夏感到納悶又羞愧，不知道自己之前是不是誤會了菲莉莎那句關於加薪的話，也不知道自己是不是對加薪這件事表現出了過分的期待，因而顯得太過貪心。事後，她聽到其他部門的兩個主管在議論她，那兩人聽菲莉莎說莎夏要求加薪，還對同事頗有微詞。這樣的謠言如星火燎原般迅速傳開了，莎夏發現自己越來越受同事排擠。

▌指認出跡象與副作用

1. 請指出這段職場互動中兩、三種煤氣燈操縱的跡象。

_____

_____

_____

2. 請指出莎夏受煤氣燈操縱影響而產生的兩、三種副作用。

_____

_____

_____

_____

3. 你有沒有在職場受煤氣燈操縱的經驗呢？請寫下自己的經歷。

_____

_____

_____

_____

▎找出現實生活中的種種跡象

　　請複習第一章「煤氣燈操縱的跡象」部分（請見第13到19頁），寫下自己生活中每一種跡象的例子。你經歷的情境與關係不必和列表上的項目完全相同（舉例而言，你可能是受到朋友霸凌，或者被兄弟姊妹推去背黑鍋）。

有人散布毫無根據的謠言，議論我的是非。

_____

_____

_____

_____

我再三遭受誹謗。

_____

_____

_____

_____

_____

有人要求我讀懂他們的心思。

_____

_____

_____

_____

有人以帶有雙重標準的態度看待我。

_____

_____

_____

_____

我被人當成替罪羔羊。

_____

_____

_____

_____

有人直接對我說謊。

我曾被伴侶劈腿。

有人對我施壓，要我疏遠家人與朋友。

我受到了霸凌或恫嚇。

有人無端指控我心存惡意。

有人令我感到自責與愧疚。

我被當成反應過度的人看待。

有人令我覺得自己提出的合理要求太過沉重或不公。

_____

_____

_____

_____

_____

我受到了指責與羞辱。

_____

_____

_____

_____

_____

有人對我做出報復行為。

_____

_____

_____

_____

_____

▋ 辨識出你的副作用

　　請複習第一章「煤氣燈操縱的副作用」段落（請見第20到23頁），為每一種副作用舉出自己生活中的實例。

我曾缺乏信心或自尊心太低。

_____

_____

_____

_____

我經歷過不快樂或喪失了樂趣。

_____

_____

_____

_____

我曾為了超出我控制範圍的事物或我有權拒絕的事情道歉。

_____

_____

_____

_____

我曾感到優柔寡斷，難以抉擇。

_____

_____

_____

_____

我曾感到困惑與迷惘。

_____

_____

_____

_____

我曾經充滿自我懷疑。

_____

_____

_____

_____

我曾長時間感到焦慮。

_____

_____

_____

_____

我曾否認他人對我做了煤氣燈操縱的行為。

_____

_____

我曾感到憂鬱。

我經歷過極端的壓力。

▌加分題

以上幾種副作用當中，有沒有曾經發生但現在沒有了的狀況？有的話，你能說說過去與現在有哪些不同嗎？請寫下自己做出改變的方法。

_____

_____

_____

▋ 後見之明：回顧過去的事件

　　當你回顧自己過去曾體驗到的煤氣燈操縱，就能加強未來指認出這類狀況的能力。請寫下自己受到煤氣燈操縱的經歷，辨識出自己當時有何想法與感受，以及留存至今的想法與感受。

　　請挑選出自己生命中某次受到煤氣燈操縱的經驗，儘量詳細地描述那份經歷。

煤氣燈操縱發生的當下，你有什麼感受？

_____

_____

_____

_____

_____

現在，你對於那次事件的感受是什麼？

_____

_____

_____

_____

_____

事情發生的當下，你有什麼想法？

_____

_____

_____

_____

_____

現在，你對於那次事件的想法是什麼？

_____

_____

_____

_____

假如今天再遇到相同的狀況，你的處理方法會有哪些不同？你現在
對煤氣燈操縱的認識比較深了，請寫下現在若遇到類似狀況，你會
希望自己如何回應。

_____

_____

_____

_____

　　你可以影印前面兩頁，依照自己的需求重複使用練習題，同一

椿事件也可以一再回顧。你可以透過重複的練習增進對於相同或相似狀況的認識。

▌ 我在哪裡見過這種行為？

　　請列出能找到煤氣燈操縱跡象的電影、電視劇、戲劇或書籍，情節之中有沒有你閱讀本書前不會注意到的操縱跡象呢？

_____

_____

_____

_____

_____

_____

▌ 當你的身體處於某個空間

　　請花一點時間注意自己的身體姿勢。你的站姿長什麼樣子？你會抬頭挺胸嗎？還是躬身駝背？和他人處在同一塊空間時，你會儘量縮小自己占據的範圍，還是會自在地占據一方空間？

　　無論是男性、女性或非二元性別人士，都曾透過社群媒體、廣告和其他可能的管道體驗到有關身體方面的煤氣燈操縱。你可能原本對自己的身體很滿意，卻發現社群媒體頁面上突然到處都是塑身衣廣告；或者你原本很喜歡自己纖細的身材，但卻不停收到蛋白粉與健身課程廣告，結果失去自信。肢體障礙人士、有色人種或非主流性別認同者可能缺乏流行文化與媒體的再現（或者是再現錯誤），這會傳達出一種訊息，讓特定幾種個人認同與自我表現被呈現為符

合社會標準，其他則被呈現為異常、不正常，或受到誇張的描繪。

請想想看，他人與媒體對於你的身體以及你在這世界上的有形存在，傳達過什麼訊息？請回答以下幾道問題，探索自己在身體方面受過的煤氣燈操縱。

想到自己的身體與外表，我會感到：

_____

_____

_____

我是從哪裡學到要這樣看待自己身體的？

_____

_____

_____

（就算別人暗示我該對自己的身體產生反感）我還是接受並愛著我身體的部分是：

_____

_____

_____

傾聽身體的聲音

你知道嗎，創傷經驗不只會影響心靈，還會影響我們的身體。在《心靈的傷，身體會記住》（The Body Keeps the Score, 2014）這部極富開創性的著作之中，貝塞爾·范德寇醫師（Dr.

Bessel Van der Kolk）探討了創傷造成的種種影響：除了改變腦功能之外，它還會提升神經系統的警醒程度，並導致長期疼痛與慢性疾病。無論是軍事衝突或煤氣燈操縱等情緒虐待所導致的創傷，你的身體對它們一視同仁，創傷就是創傷，而我們的身體就是會以它自己的方式訴說情緒傷痛的故事。

在本章節，我們會將焦點放在自我疼惜這部分，在閱讀與書寫練習題的同時，請別忘了關心自己的身體。請注意自己看書時身體的種種感受，如果你持續感到頭痛、噁心、疲勞、心跳加速或拳頭不由自主地握緊，可能是身體表現出的創傷徵兆。假如在寫練習題時注意到這些症狀，試著暫停一下，感謝自己的身體。這些肢體感受雖然不舒服，卻能提供更多有用的資訊，好讓你察覺創傷被儲存於身體的哪些部位，以及創傷對你的身體有何影響。

◎ 感受具體化的冥想

請找個你覺得寧靜又安全的地方，用舒服的姿勢坐著，眼睛可以閉上，也可以張開。允許自己放鬆心神，將注意力放在離自己不遠不近處，並且專注於自己的呼吸與肉體存在。如果你的心思飄遠了，那就承認這些想法的存在，然後重新聚焦於自己內心。

現在，請回想一段和煤氣燈操縱或其他情緒虐待有關的記憶。別直接回想最痛苦的記憶，一開始先選擇痛苦程度中等的經歷。允許這段記憶浮上心頭，儘量觀察它的各種細節，花一些時間探索這段回憶。

開始注意此時浮上來的種種情緒，挑選一種特別強烈的情緒，

允許自己的內在柔和地聚焦在那種感受上。點出這種情緒的名稱，對自己說「這是憤怒」或「這是悲傷」。試著儘量別批判自己的感受。

接著，讓自己將注意力轉移到身體上，從頭頂到腳底檢視自己，同時繼續注意你先前辨識出的情緒。請身體告訴你，那份情緒是被存放在身體的何處。

找到情緒的所在之處後，輕輕把手放在那個位置，想像自己對那個地方傳送一波愛意，同時說：「我對自己的憤怒給予同情。」或是：「我對自己的悲傷給予同情。」請注意自己的身體與情緒對於這份同情的反應，它們會變得柔軟嗎？還是抗拒？持續給予同情，直到你覺得自己軟化下來。感謝身體將它儲存這份情緒的方式告訴你。你也可以給自己一個擁抱，以這種令人心安的方式和身體產生連結，也可以向上伸展手臂，或是按摩頸部。

▌自我對話練習

你有沒有注意過你談論自己的方式呢？我們想著自己與談論自己的方式被稱為「自我對話」（self-talk），這可能是親切而富有同情心的正面對話，也可能是刺耳又飽含批判意味的負面對話。你的自我對話聽起來是哪一種呢？

煤氣燈操縱可能會對自我對話與自我感知造成負面影響。我們會在本節探討自我對話是如何反映了你對自己的信念，而下面幾道省思題有助於將批判式的負面自我對話推往寬容與自我疼惜的方向。

▌自我描述練習

請注意一下，你在對自己描述你自己時，習慣用哪些種類的詞語？來，試著回答以下幾個問題，從中瞭解你的自我對話。

請用五個字詞或五個短句形容自己。

_____

_____

_____

_____

_____

_____

　　你用了哪些種類的形容？你是用正面、負面還是中性的詞語形容自己？如果你都著重於自己心目中的負面特質，那你的自我對話可能是負面的。

　　再試著用五個字詞或短句形容自己一次，這回多多強調自我疼惜的用語。舉例來說，你可以不要用「過於情緒化」來形容自己，而是用「注意自己的感受」或「適當地敏感」來描述自己。

▌對好朋友說的話

假裝你是在聽最好的朋友談論他們自己受到煤氣燈操縱的經歷，想像對方告訴你：我怎麼會讓別人操縱我，一定是我太笨了，我很怕自己永遠都沒辦法走出受虐的創傷。這時候，你會如何回應對方？現在，請用同樣的寬容與關愛對待自己，將你的回應寫下來。

_____

_____

_____

_____

_____

_____

_____

_____

_____

_____

_____

情緒虐待並沒有性別關係

美國家暴專線（National Domestic Violence Hotline）的數據顯示，在所有女性與男性當中，將近半數人（女性為48.4%，男性為48.8%）都曾經歷過伴侶對他們的心理攻擊（psychological aggression）。媒體研究與呈現出的情緒虐待多是男性對女性施虐，但男性也可能會受女性伴侶、朋友、家人與同事煤氣燈操縱，而除了虐待之外，受虐的男性還必須承受社會污名，可能會有人將他們受虐的經歷視為軟弱無用的象徵。我們在前面也提過，非二元性別者同樣可能是情緒虐待的受害者或加害者，沒有任何族群能置身事外。

▍你的行為不等同你的自我

請列出你認為自己符合的人格或性格特質，練習區分你的自我與你的行為。

「我的特質就等同我這個人」	「我的特質是……」
我太輕易相信別人了。	就算對方沒獲取我的信任，我還是會選擇相信他們善良的一面。

▌自我疼惜省思

請記錄自己日常生活中發生的事件，藉此機會練習自我疼惜。注意每一樁事件的以下三個面向：

1. **細心覺察自己的感受。** 發生了什麼事情？你對那件事的感受是什麼？在記錄情緒時，儘量不要批判自己。

2. **將自己的反應常態化。** 用一兩句話描述你的反應是如何反映了人性的共同點。舉例而言：許多人被超車時都會感到煩躁，煩躁是正常的反應。

3. **善待自己。** 用幾句話給予自己同情、安慰與關心，並試著寫得親切溫柔。

發生了什麼事情？我對那件事的感受是什麼？

_____

_____

_____

_____

_____

我的反應是如何反映了人性的共同之處？

_____

_____

_____

_____

_____

我可以用什麼方式展現對自己的疼惜？

_____

_____

_____

_____

_____

　　請花至少一週時間每天回答以上三個省思題，在一週結束後重新檢視自己的感受。

▌ 自我諒解的一封信

許多受過虐待的倖存者都過不了「責怪自己」這道檻，總覺得自己本來可以做出不同的行為、早一點結束這段人際關係，或乾脆扭頭就走，這樣就能在受虐前防止事情發生。你會為任何與受虐有關的事情責怪自己嗎？如果會，請寫一封信諒解自己。儘量在信中明確指出你是在為哪些事情諒解自己，並避免設下原諒自己的條件。

_____

_____

_____

_____

_____

_____

_____

_____

_____

_____

_____

_____

_____

_____

_____

_____

_____

內化的煤氣燈操縱

假如你無法順利對自己展現出寬容與同情，請探索這份猶豫背後的原因。你的自我對話是否包含以下這種句型：「是你自己笨到沒發現，所以活該被人操縱。」或是：「他說得對啊，你就是個懶惰的髒鬼。你要是有偶爾打掃一下，他怎麼還會對你說這種話？」

這類型的自我對話是「**將煤氣燈操縱內化**」（internalized gaslighting）的跡象：在你對情緒虐待習以為常時，便會轉而用嚴苛的話語與態度對待自己，而這有時是一種自我防衛的形式。當你對自己施以煤氣燈操縱，就比較不會表現出信心與果決，關係中的另一人就比較不會因為你的自信而虐待你。另外，即使施虐者已經不在你身邊了，虐待還是可能以內化的煤氣燈操縱形式持續下去。如果你發現自己也有這樣的思考模式，接下來的練習應該會對你特別有幫助。

▌肯定

練習用肯定的方式抵消負面的自我訊息。如果你發現這對你而言很困難，那就問自己：我覺得有哪些部分是錯誤或糟糕的呢？即使這項練習很困難，我還是希望你可以堅持下去，相信你值得受自己關愛與疼惜，是一種一定要學習並練習的心態。

以下是幾種自我疼惜的肯定句實例：

「我值得受人尊重。」

「我並不是活該被操弄和情緒虐待。」

「對於自己在虐待關係中受傷的部分，我心懷疼惜。」

「我心裡有一部分就是想相信別人有善良的一面，也可能會在

受人傷害時替他們開脫，我接受自己的這一部分。」
「我值得被愛、被憐惜。」

請在底下欄位寫下肯定自己的五句話，每天都對自己這麼說！

_____

_____

_____

_____

_____

▋ 自我疼惜日誌

在這一週期間，每天記錄你對待自己的方式。

每天替你批評或同情自己的頻繁程度評分，仔細閱讀以下每一道問題再填答。（以下紀錄表改編自接納與承諾療法〔acceptance and commitment therapy，ACT〕同情自我評分問題集。）

極少發生		頻繁發生		總是發生
1	2	3	4	5

	週一	週二	週三	週四	週五	週六	週日
今天遇到問題時，我把這些困難視作生活中正常的一部分，每個人都會遇到這些問題。							
今天感受到情緒上的痛苦時，我儘量給了自己關愛。							
今天感到難受或不快樂時，我試著提醒了自己，其他人也會有這種感受。							

今天遇到問題時，我對自己非常嚴厲。					
我今天對自己寬容又溫柔。					
我今天將自己的錯誤視為正常人都可能犯的錯。					
我今天給了自己受傷的部分愛與關懷。					
我今天對自己嚴厲、疏離且沒有表現出關愛。					
我今天在受到傷害時，儘量對自己保持了開放與好奇的態度。					
我今天對自己的人性缺陷毫不諒解。					
我對自己不喜歡的部分沒有耐心，也批判了自己的這些部分。					

▋ 想像充滿疼惜的未來

在以下這份練習中，請你製作一塊願景板，象徵自己邁向自我疼惜的旅程。

在板子的一面貼上圖片、文字、有趣的材質與其他材料，象徵一段受煤氣燈操縱影響的人際關係，它可以是家庭、個人、職場或戀愛關係等等。請用文字與圖片描繪你在這段關係中所經歷的困惑、無自信、焦慮與其他副作用。

在板子的另一面，你可以用圖文象徵煤氣燈操縱結束後的自己。這一面應該呈現出你的自覺與自我疼惜，並表現出你在受虐後復原的決心。如果你至今還是無法完全擺脫操縱者對你的影響，那請把板子的這一面視為目標──你想要用什麼方式看自己？

把這張看板放在顯眼處，時常提醒自己：你已經跨出了好幾步，已經走在復原路上了！

▎將它送走

　　在一小張紙上寫下和煤氣燈操縱經驗有關的一個詞語、一句話、一段記憶，或畫一張圖，在讀完自己寫下的圖文之後，將紙張摺得越小越好，然後把它解放到大自然中——可以把紙片埋到土裡、撕碎後丟到風中、讓它漂到海裡，或是把它燒了（注意安全！）。在釋放這些圖文的同時，告訴自己：「我再也不必繼續承擔這份操縱了。」

▎表露出自我疼惜

　　即使做了這些，你可能還是無法輕易擺脫操縱者的批評與人身攻擊。就算沒辦法做到自我疼惜，那也沒關係，你可以先從對自己說出你這份自我善待的意圖開始。告訴自己：你打算對自己寬容一些。當你將自己的意圖告訴這個宇宙，就是讓這些意念在自己心中活了起來。

　　用一句話表露自我關愛與包容，並將這句話寫成現在式——就算你還沒辦法順利表現出這份關愛與包容，也沒關係。

　　例句：「我在心中替自己保留自我疼惜的空間。我歡迎自己付出關懷，也很樂於接納自己的關懷。」

_____

_____

_____

_____

_____

_____

_____

▌複習與總結

　　請回顧本章的種種練習。

哪一項練習最能引起你的共鳴？

_____

_____

_____

_____

有哪些練習沒能引起你的共鳴？

_____

_____

_____

_____

_____

你現在有什麼感受？從開始閱讀本章節到現在，你的感受發生了哪些轉變？

_____

_____

_____

_____

_____

你從這些練習當中得到哪些收穫？

_____

_____

_____

_____

_____

4

第二階段（建立自尊心）
Phase Two (Building Self-Esteem)

　　歡迎來到復原路上的第二階段——在此，你會開始修復受創的自尊心。我們在第一二章討論了煤氣燈操縱的樣貌，以及這類形式的虐待對受害者造成的影響。接著，在第三章，我們探討了煤氣燈操縱對你個人造成的症狀與副作用，並開始建立了自我疼惜。現在，藉由重新建立你的自尊心，並發展出自信與魄力，我們會繼續往復原旅程的下一個里程碑邁進。

　　第四章收錄的練習題與省思寫作題會幫助你辨識出毒性關係對於自尊心造成的傷害，讓你學著重新建立自信，並幫助你重拾在關係中主張意見的信心。在復原過程中，有一部分包含了瞭解並練習各種溝通風格與認同自己的方式，並且強化成長與感激的心態。

　　你可能會覺得有些練習不太容易，而且在受到煤氣燈操縱之後，你或許會相信自己只有缺陷，沒辦法正面看待自己了。請給自己一些耐心——煤氣燈操縱就是因為會留下這些後遺症，才能如此有效地控制住受害者。慢慢來，多花些時間練習，如果在寫練習題的過程中發現自己有某些部分特別不舒服，就請多多包容自己的這些部分。

　　我們這就開始吧！

▊ 主張權利提案

　　許多情緒虐待受害者後來都會在人際關係中遇到困難，沒辦法自信地表達自己的意見。他們聽了施虐者的洗腦言論，認為替自己

出聲是自私的表現。這是施虐者的謊言。

以下的自信權利法案改編自曼努埃爾·J·史密斯（Manuel J. Smith）的「主張權利提案」（A Bill of Assertive Rights）（1975）。請閱讀以下各個項目，同時注意自己的感受。

- 我有權評判自己的想法、感受與行為，不必受他人的判斷左右。
- 我有權擁有自己的想法與感受，不必為它們辯解或道歉。
- 我有權決定自己是否要承擔幫別人解決問題的部分責任，並做出相應的行動。
- 我有權改變心意。
- 我有權說「不」，不必感到歉疚。
- 我有權犯錯，也該在犯錯時負責處理問題。
- 我有權說「我不知道」。
- 我有權說「我不在乎」。
- 我有權占據物理上、精神上與情緒上的空間。
- 我有權同情他人，但不必負起將他們「修好」的責任。
- 我有權做出對自己而言最好的選擇，即使這份選擇並不是他人偏好的。
- 我有權定下自己的價值觀、道德觀與倫理標準，不必受他人的觀念左右。
- 我有權遠離傷害我的人，也可以選擇不和他們往來。
- 我有權遠離毒性關係，無論是何種關係都可以。
- 我有權作自己，擁有與眾不同的特質。

▌ 寫作練習

在閱讀主張權利提案的每一條時，你心中產生了哪些感受？哪幾條

最能令你產生共鳴？哪幾條沒能令你產生共鳴？有沒有哪幾條權利是你特別不同意，或特別無法接受的？請在此記錄你對主張權利提案的感想。

_____

_____

_____

_____

_____

_____

_____

_____

_____

請特別注意你最無法接受的那幾條權利，因為它們和你最需要治療的部分息息相關。

自尊心是什麼？它為什麼重要？

自尊心（self-esteem）是指你在自己心目中的價值，而它的高低會顯著且直接地影響你在人際關係中的表現，以及你在關係中期望受到的對待。假如你自尊心低，可能會相信自己不值得受人關愛與尊重，並自動認定其他人高你一等。在這種情況下，你不相信自己值得更好的待遇，因此比較可能會接受他人對你的虐待。

假如你自尊心太高，可能會表現得浮誇、高傲，並抱有不切

實際的期望，認定別人該給你特殊待遇，你也許還會相信自己高人一等。過分的自尊可能是自戀型人格的一種徵兆，而最諷刺的是，一些自戀者其實感到深深的自卑，他們浮誇、煤氣燈操縱與逢迎巴結的行為主要都是為了讓自己感到更有價值。

在擁有健康自尊心的情況下，你可以認同自己的長處、承認自己的短處，並為自己的過錯負責，但不會相信這些過錯對你身為人的價值造成了負面影響。你會在人際關係中期望對方給你公平的待遇，並相信自己有權遠離毒性或虐待行為。你可以教別人如何對待你——而第一步就是檢視你對待自己的方式。

○ 修復傷害

情緒施虐者會在長時間裡一點一點地削減受害者的自尊。不過幸好，自尊即使剝落了，還是能重建起來的。接下來的練習題會帶你走過三個步驟，讓你在過程中認識到自己的自尊心受到了什麼樣的損害，並教你開始療傷的方法。

步驟一：寫下或畫出操縱者用來對你進行煤氣燈操縱的一個詞語、一句話或一種行為。

步驟二：寫下或畫出步驟一中的這個詞語、這句話或這種行為對你造成的影響——在受到這樣的對待後，你對自己產生了什麼想法與感受？

步驟三：寫下或畫出另一種對自己的信念，抵消操縱者這句話。接著將這份自我信念說出來。在你唸出這份新的訊息時，請注意你對自己產生何種感受。

關於我個人價值的煤氣燈操縱說法	煤氣燈操縱訊息令我對自己產生的感受	關於我個人價值的另一種說法
例：「你如果變瘦了一定很漂亮。」	我身材胖所以看起來很醜，要是不減肥就不會有人喜歡我。	體重並不會決定我的價值，無論身材胖瘦，我都值得被愛。

▌ 好友視角的傳記

　　請想像一下，今天如果有人要幫你寫傳記，對方請了你最好的朋友來談談他或她對你的看法，你朋友會怎麼說呢？傳記作家會請你朋友詳細描述你這個人，以及你的特別之處，而這部傳記的重點會是你獨特的人格特質、個人成就、你的技能與專長。請從好朋友的視角寫下至少一段話來描述你自己。你可以參考以下幾個問題，但這只是建議的提示，你可以發揮創意，從別的方面形容自己！這裡唯一的條件是，你必須把重點放在你的好朋友所欣賞的正面特質上。

　　供你參考的訪談問題如下列所述：

　　在朋友心目中，你的獨特之處是什麼？

　　你有哪些專長與技能？

　　最令朋友感到驕傲的，是你的哪一部分？

　　朋友最欣賞你的哪一點？

_____

_____

_____

_____

_____

_____

▌ 加分題

和你最好的朋友坐下來聊聊，用這些問題跟對方來一場實際的訪談，並寫下朋友的答案。

_____

_____

_____

_____

_____

_____

_____

▌長處問答

我們每個人都有獨一無二的專長、技能與人格特質，是這些事物讓我們與眾不同。如果你已經很久沒思考「你自己」有哪些特質了，現在就可以藉這個機會好好想一想，在這份練習中列出自己所有的優點。

請想想，你最喜歡自己的哪些部分？這些可以是內在的人格特質，也可以是你在生活中發展出來的技能。此刻可不是謙虛的時候，趕快列出你與眾不同的一切，並且為自己驕傲吧！

在寫下自己的專長、技能與特點同時，也請你思考一下：你是怎麼發展出這些優點的？之後可以用什麼方式繼續發展下去、精進自己？

我喜歡自己的這一部分是：

_____

_____

_____

_____

我擅長的是：

_____

_____

_____

_____

我有一個與眾不同的特點是：

_____

_____

_____

_____

最令我自豪的專長、技能或特質是：

_____

_____

_____

_____

我是怎麼發現自己這項專長／技能／特質的？

_____

_____

_____

_____

如果有某種超能力，它的本質就是我這些專長、技能與特質，那種

超能力會是什麼？

_____

_____

_____

如果擁有這份超能力，我會如何使用它？

_____

_____

_____

▌「我愛你」練習

上一份練習中，你可能會發現自己不由自主地批評了自己的專長、技能與人格特質。如果你發現你沒辦法誇獎自己，接下來這份練習就是為你而特別打造的——我知道你可能會做得很痛苦，但還是請你堅持把它做完。

我們之所以在內心批評自己，是因為我們把自己在虐待關係中收到的嚴厲批評內化了，有時候，我們以為自己「太完美主義」，但其實是內在的批評者在竭盡所能防止你犯錯。你的內心之所以會對你這麼嚴厲，並不是因為你痛恨自己，而是因為它想幫助你避免再次成為被虐待的對象。你的心是想保護你，所以才讓你特別注意自己的缺陷，讓你全力彌補它們。換句話說，這些嚴厲的自我批評原本的意圖其實是好的。

這份練習的重點是學會愛自己的所有，優點和缺點都一視同仁地愛。自尊心的第一個字就是「自」，在為自己感到驕傲之前，你

必須先愛自己，而這份愛也延伸到了你心中可能會批判自己的那道聲音。這份練習會幫助你找到對自己的愛。

▋「我愛你」冥想

閉上眼睛，想像自己和你的內在批評者在一張桌子兩邊面對面坐著，想像自己坐或站都好，但距離對方要夠近，近得可以看見它的眼睛、聽見它的聲音。這時，注意自己的狀態，你會感到焦慮、哀傷、憤怒或害怕嗎？緩慢地用橫膈膜深呼吸，感覺每一次吸氣的時候腹部就跟著膨脹，吐息時腹部縮小。吸入安寧、平靜與自信，呼出恐懼、憤怒與焦慮。請看著你的內在批評者，告訴它：你是來找它談談的。

首先，告訴內在批評者，你已經做好了準備，它對你有什麼意見都可以說出來，你現在會認真聽。請批評者一次說出一個抱怨，好讓你在仔細聽進去之後做出回應。在冥想的過程中，記得要不時注意自己的呼吸狀況，繼續緩慢地深呼吸，去感受空氣充溢了肺部，接著再離開肺部。

聆聽內在批評者的評論時，儘量保持好奇與開放的態度。你認得對方說話的方式嗎？聽到它說出對你的負面評語時，你產生了什麼感受？你是在哪裡感受到自己的反應，是身體或身體周圍的哪個地方嗎？如果你感到擔憂、不適或分心了，就先回到專心深呼吸的狀態，直到平靜下來以後再繼續和批評者對話。

這件事非常重要。

每當內在批評者提出一個新的抱怨，都請先暫停。觀察一下，你現在有什麼感受？你在哪一個部位感受到反應？請將手放在你產生情緒反應的身體部位之上，並且跟它說：「我愛你。」

每一次受到批評，都請重複這個步驟。

每一次被批評過後，當你對自己說了「我愛你」，這時又會產生什麼感覺？你的心會不會覺得剛硬、被什麼拘束著，或覺得受傷？請將手放在心臟上方，對它說：「我愛你。」

持續重複「我愛你」這句話，直到你感覺內心變得柔軟、溫暖，在盈滿愛意的狀態下敞開。當你感覺自己敞開了心扉、充滿了愛，就可以看著你的內在批評者──每次都跳出來說你犯了錯或有缺點的那個聲音──對自己的這個部分說：「我也愛你。」這時候，批評者有什麼反應？

持續感受自己有哪些部分受內化的批評所傷，並往那些地方輸送愛意。將愛送給你的內在批評者──你心中記住了這些負面評論的部分──這樣，你以後就不會再受傷了。感受自己心中的愛，它足以蓋過你的每一道傷。

吸入愛，呼出痛。一隻手放在心上，對自己說：「我愛你。」

「我愛你」的冥想可能會攪動起許多種情緒，在冥想過程中，你注意到了什麼？請寫下你的反應：

_____

_____

_____

_____

_____

_____

_____

▌經歷中的正面特質

我們在下面列出了幾種特質，請舉出你體現出這些特質的例子。你的正面特質給了你與他人哪些幫助？

勇氣：

_____

_____

善良：

_____

_____

慷慨：

_____

_____

愛：

_____

_____

仁慈：

_____

_____

睿智：

_____

_____

希望：

_____

快樂：

堅決：

耐心：

毅力：

直覺：

▎你有什麼問題 VS 你發生了什麼事

你對自己說話的方式可以成為自我疼惜的強大力量，但也可能會成為自我煤氣燈操縱（self-gaslighting）的力量，大大影響你在自己心目中的價值。在你對自己懷有負面看法時，可能會更加難以順利

地發表意見與溝通。

這份練習是以第三章自我疼惜的「自我對話練習」（請見第55頁）為基礎，來進行下一步。首先，基於你曾有的經驗，寫出一句現在可以用來形容自己的話，然後修改這個句子，把它修改成一種情境或某個事件對你造成的影響，而不是一句對自己的定義。

我有什麼問題	我發生了什麼事
我這個人壞掉了。	我在虐待關係中受過傷。

▎成長史時間線

有時我們會過於注意自己的缺點與過錯，都沒看見自己進步的軌跡。這份練習能幫助你追蹤自己在生活中某個或多個面向的成長，你可以畫出自己在精神上、情緒上、心靈上或肢體技能上的進步，或是恢復自信、發展出韌性等方面的進步，追蹤自己在復原路上的特定進展。

在第82頁，畫出一條時間線，顯示出自己在一個或多個領域的成長與進步，追蹤自己在過去一週、一個月、一年、五年、十年或甚至更久的進展。隨著你逐漸成長，這份力量有沒有發生什麼改變？和一開始相比，你走了多遠？

你也可以記錄自己在歷程中的挫折、迷惘、瓶頸或退步，這些都是成長路上再正常不過的狀況！你走過一次次的挑戰，逐漸成長了，請為自己感到驕傲。

▎跨出下一步

完成時間線之後，你可以考慮替自己設定新的一組目標。你有沒有特別想培養的技能、興趣或專長？在療傷與復原方面，有沒有哪一個面向是你覺得值得更專注研究的？

請先考慮你下一條成長時間線上的第一步——今天是新的起始點，你想往哪個方向成長？請舉出三到五個目標，這些會是你在生命中努力前進的方向。你希望自己在一年後、五年後、十年後抵達哪裡？不必局限自己，放膽去想像吧！

_____

_____

_____

_____

_____

_____

_____

_____

_____

_____

成長史時間線

時間線標題

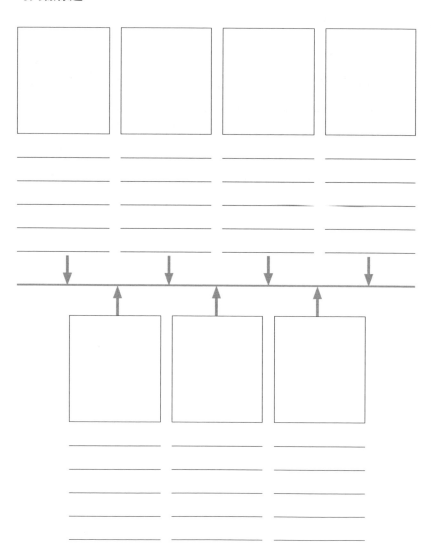

▌ 每日的自我欣賞

在剛醒來時寫下你欣賞自己的一個理由，至少一個，拿著筆記站在鏡子前面，對著鏡中的自己大聲唸至少三遍。在說話時，請直視鏡子裡的自己，就算聽起來有點好笑也沒關係。請將筆記好好保存起來，在一天結束時拿出來，再次回顧你早上寫下的話。

每天重複這樣的練習，持續一百天，每天都找到欣賞自己的新理由。你可以使用日曆或設定鬧鐘，提醒自己每天花幾分鐘欣賞自己。把你的筆記放進剪貼簿，或者在練習結束時做成拼貼板。

▌ 每日感激

「每日感激」和「每日自我欣賞」練習有點像，請你在每天結束時，寫下令你感激的一件事，這可以是大事、小事、要事或瑣事。在睡前花五分鐘專心想著令你感激的一件事，做好入睡的準備。

▌ 多多表露自尊

創造出五個肯定句或是屬於自己的咒語，歡迎健康的自尊與自重進到你的心裡，同時也為它們闢出一塊空間。在下一頁，請想像自己已經收到了這些關於自我的禮物，把每一個肯定句都寫下來。向宇宙或任何與你的心靈產生共鳴的對象表示感激，感謝對方給你健康，並幫助你療傷。

範例：
「我很愛現在的自己，也非常欣賞這樣的我。」
「我歡迎自重與健康的自信進入我的心。」
「我為內心的智慧與復原力表示謝意。」

現在，輪到你了：

_____

_____

_____

_____

▌認領你的空間

　　肢體語言往往能顯露出我們的狀態，無論是坐姿、站姿或移動的姿態，都能反映我們占據空間時的自在程度。這份練習會幫助你探索自己的肢體語言，並透過肢體語言瞭解自己的自尊。你會需要一些伸展空間，所以請找一塊可以站著的開放場所，前面有鏡子的話最好，但沒有鏡子也無所謂。如果沒辦法站起來，那就儘量挺胸坐直。

　　請回憶起某個令你感到渺小、羞愧、配不上或對自己不滿意的時候。你在自己心目中價值不高時，你的身體看起來是什麼樣子？感覺是什麼樣子？你會坐或站得很直嗎？還是會彎腰駝背？你有垂頭嗎？有沒有聳肩？請花大概一分鐘的時間注意自己在沒自信時的肢體語言。

　　現在，請想像自己有自信、能主張意見，也明白自己的價值。你愛自己，也有權利在這個世界上占據一塊空間。讓我們來練習如何作為有信心、可以主張意見且有價值的人，認領你在物理世界中的空間。

　　請讓雙腳至少與肩同寬站立，雙手放鬆垂到身體兩側。如果沒辦法站著，那就請儘量坐直，不要彎腰駝背。讓雙腳穩穩地接觸地面，體重均勻分配在大拇指、小拇指與腳跟之間（如果是坐著，那就感覺重量均勻分配在兩邊坐骨之間）。讓雙腳壓入地面，同時想

像自己從軀幹開始往上升，舒服地坐直或站直。請感受這種高大、核心強壯有力且身體平衡的感覺。

稍微收緊腿部、臀部與上背部的肌肉，但不要繃得太緊，你現在的目標是意識到身體的力量。感受這些肌肉的能量。

輕輕將兩邊肩胛往後、往下拉，感受胸口與鎖骨拉開的感覺。請把兩邊手臂舉到身體兩側，雙手可以低於肩膀、與肩膀同高，或高過肩膀，選個自己喜歡的姿勢就可以了。抬起下巴看向斜上方，去感覺能量竄下手臂、從指尖射出去。感覺自己心臟周遭的空間逐漸擴大。認領自己的空間。

將雙手手臂直直往上抬，手掌相貼，然後抬頭仰望天空。感受自己雙腳穩穩地站在地面，同時向上伸展，讓自己變高。認領自己的空間。

兩邊手臂請放回與胸部同高的位置，手掌依舊相貼，抬起的頭現在回歸水平，直視前方。讓兩邊手肘往後收，雙手叉腰，再次感受肩胛向後、向下拉的感覺。稍微挺起胸膛，感覺能量流過肩膀、上臂以及搭著腰臀的雙手或拳頭，去感受自己扎扎實實的身體存在。認領自己的空間。

在完成這份練習、放鬆身體的同時，儘量維持心臟周圍的開放感，並比較自己現在的感受與開始練習前的感受。

▌ 定義自信溝通

自信溝通與胸有成竹的心態往往是我們的理想，但有時，我們可能無法找到受人踐踏與踐踏他人之間的中間地帶。對原本態度順從、努力走出創傷的人而言，自信溝通的許多障礙都與他們自己的信念息息相關——你可以想想看，在你心目中，為自己發聲是什麼意思？在這份練習中，我們會探索你對於自信溝通的想法與信念。

對你來說，自信溝通是什麼意思？

_____

_____

_____

_____

請選出自己生活圈裡一個有自信的人。他或她有哪些行為表現？你
和他們相處時會有什麼感覺？

_____

_____

_____

_____

在你看來，自己如果變得更能夠自信溝通，會得到哪些益處？又可
能有哪些壞處？

_____

_____

_____

_____

當你想像自己自信地發言時，你的自我對話會出現哪些「可是……」
句型的想法？你會覺得發表自己的主張可怕、危險或令你不安嗎？
令你不安的是哪些部分呢？

_____

_____

_____

假如你變得更能夠自信溝通，你的生活可能發生哪些變化？你覺得情況會有所改善嗎？還是會惡化？改變自己的風險與報酬分別是什麼？

_____

_____

_____

_____

▎自信溝通的益處

對煤氣燈操縱受害者而言，發展自信溝通技能可能非常困難，卻有十分顯著的潛在收益。自信溝通有不少好處，包括：

- 信心與自尊心提升
- 壓力減少
- 你會更有辦法辨識並理解自己的感受
- 別人會更加尊重你
- 溝通能力有所進步
- 人際關係更加誠實
- 正面改變
- 你會感覺到自我效能有所提升

當你感到疲憊，開始懷疑自己為什麼要這樣努力提升自信溝通的技能時，請寫下這些益處可能對你生活造成的改善。

_____

_____

_____

_____

_____

_____

_____

_____

溝通風格

　　大部分的溝通都可以分成四大類，或四大風格：被動型（Passive）、攻擊型（Aggressive）、被動攻擊型（Passive-Aggressive），以及自信型（Assertive）。我們的溝通方式可能會顯著影響他人對我們的看法，以及我們在人際關係中的行事風格。

　　被動型溝通的元素包括：膽小、自輕、低調、逃避與缺乏自信，被動型溝通者可能會費盡心思討好他人，或是認為自己在關係中都只能受人左右。許多情緒虐待受害者都是被動型溝通者。

　　攻擊型溝通的元素包括：強硬、直接、直率與控制。言語攻擊可能包含不帶同理心的誠實發言——又稱為「殘酷的誠實」（brutal honesty）——這類發言會傷到別人，卻沒有任何建設性。攻擊型溝通者不一定會站到情緒上強勢施虐的置上，但也有可能成為情緒施虐者。

　　被動攻擊型溝通的元素包括：不直接、控制、隱晦與情緒上的不誠實。被動攻擊型溝通者可能會表示自己感受到了一種情

緒，行為與態度卻表現出了另一種感受。被動攻擊型溝通可能會使受方感到困惑、愧疚與無奈，同時激起施方心中的厭惡感與受害者情結。具有自戀型或邊緣型人格特質的人，經常是被動攻擊型溝通者。

自信型溝通的元素包括：誠實、直接、體貼與自信。自信型溝通者的發言開誠布公且堅定，這種態度來自一個穩定的基礎，也就是他們負責任地表達自身意見的權利。這類溝通者會在誠實的同時表現出同理心，願意在適當的時候妥協，也會在他人試圖操縱他們時選擇相信自己的判斷力。

▎表格：找出自己的溝通風格

自信溝通不僅是一種溝通風格，還是一種生活方式。你有權受人尊重與人性化的對待，而自信溝通不過是其中的一個面向而已。話雖如此，溝通方式還是可能帶來重大的影響，改變他人看待你與回應你的方式。

下表列出了四種溝通風格的特質，你覺得自己的溝通模式最像以下哪一種呢？

被動型	攻擊型
情緒上不誠實（隱藏了自己的感受） 不直接（暗示、提示） 自我否定 膽小、自輕 責怪意味 心懷厭惡 飽含歉意 害怕失去，因此隱藏真正的自我 「我每次都會輸。」	不妥當的誠實（「殘酷的誠實」，沒有考慮到他人的感受） 不顧他人的感受，主張自己的意見 攻擊意味 責怪與羞辱意味 控制他人的言論 威脅意味 為了自身利益而不顧他人的自我知覺 「我每次都一定要贏。」

被動攻擊型	自信型
情緒上不誠實（言語與行為不協調）	妥當的誠實
不直接的迴避式溝通	堅定且直接
先是否定自己，接著又主張自己的意見	尊重自己與對方
為了使對方服從而令對方產生罪惡感	同理對方的立場
不顧他人的感受，主張自己的意見	大方地表達自己的想法、感受與需求
可能帶指責意味	自信而不高傲
因為害怕或義務而暫時隱藏真實的自己	願意適當地妥協
「沒有人讓我贏，這都是他們的錯。」	表現出對雙方心理健康的關心
	「我們不必互相競爭。」

▌寫作練習

　　請挑選一個令你難受的情境，用四種溝通風格寫下對於那件事情的一句回應。盡情揮灑創意吧！試著用不同的風格做出回應，並注意自己以這種低風險方法練習溝通時的感受。

　　例如：兄弟連問都沒問就把你的車子借走，開回來時油箱都空了，擋泥板還被撞凹。在這種情況下，你會怎麼對他說？

被動型	攻擊型

被動攻擊型	自信型

▌「我」陳述句

自信溝通的一個關鍵面向，就是知道自己有權表達自己的願望與需求。有些時候，情緒虐待受害者沒辦法直接表明自己的感受，也無法直接提出自己的要求。我們接下來會練習用清楚且直接的「我」陳述句，表達自己的願望與需求。請記得，請求並不等於強求，你只是在傳達自己的需求而已，這並不是自私的行為。

練習：

寫下自己平時常用的非直接要求，或是你平時表達自身感受的方式。接著，用直白的「我」陳述格式改寫那句話。

範例：

非直接陳述：「如果你對我和善一點的話，那應該很不錯。」

「我」陳述句：「我希望你更和善地對我說話」，或「我不喜歡被你辱罵」。

非直接陳述：「你嘲笑我的感受時，怎麼好像是覺得我太愚蠢才會有這些感受。」

「我」陳述句：「我有權利產生屬於自己的感受。你可能不同意我這些感受，但我必須請你尊重我。」

非直接陳述：

_____

_____

_____

_____

「我」陳述句：

_____

_____

_____

_____

非直接陳述：

_____

_____

_____

_____

「我」陳述句：

_____

_____

_____

非直接陳述：

_____

_____

_____

「我」陳述句：

_____

_____

_____

非直接陳述：

_____

_____

_____

_____

「我」陳述句：

_____

_____

_____

_____

▌阻礙自信溝通的事物

　　你有沒有想過，在一些情境下你明明可以自信地發表意見，為什麼在其他情境下就會舌頭打結、頭腦混亂呢？舉例而言，你可能可以替你的小孩出聲，但是替自己說話時就會緊張到起疹子；或者你看到有人虐待動物時可能會大步走上前去指責對方，可是想跟老闆請假時卻會緊張得雙腿發抖。可以自信溝通和無法自信溝通的情境，究竟有哪些不同呢？

　　有時候，我們潛意識中對自己的某些信念會潛移默化地影響行為。這份練習有助於辨識出你潛意識中對於自己有哪些信念，並檢視這些信念對你主張意見的能力造成了什麼影響。

請寫下自己自信溝通的一段經驗。

_____

_____

_____

_____

_____

你在當時產生了哪些想法與感受？

_____

_____

_____

_____

_____

在那個情境中，你為什麼會決定要出聲或行動？

_____

_____

_____

_____

_____

現在，請回想自己想要自信溝通卻沒能成功的一段經驗。當時發生了什麼事？

_____

_____

_____

_____

你在當時產生了哪些想法與感受？

_____

_____

_____

_____

在那個情境中，你為什麼會決定不要主張自己的意見？

_____

_____

_____

_____

以上兩種情境的差別在哪裡？在兩種情境中，你分別是以哪兩種方
式和自己對話的？

_____

_____

_____

_____

▌解除自己的友善

　　你有沒有過這種經驗：你試著發表自己的意見，結果對方卻對你說了「你這樣不太友善耶」之類的話。人們會將「友善」用來有效地壓抑與控制他人的自我表現，嚴格定義表達需求的時機與方式。無論是何種性別的人，都可能會受到社會強烈的影響，受限於友善的規範。在一般社會期待下，女性必須友善、迷人、溫和、富有同理心、能屈能伸且體貼，男性被灌輸的觀念則是要以友善作為貨幣，換取和女性的性關係。除了性別期待以外，弱勢群體也往往會承受不公平的壓力，在面對迫害或虐待時被迫表現得友善，以免被他人視為「攻擊性太強」的群體。

　　在上述種種情況下，人們都受到了社會教育，學會展現出一張虛假的面孔，用一層「友善」隱藏自己的真實感受。無論在哪一種情況下，人們都沒辦法完全誠實，也無法展現出自己真實的樣貌。友善會侵蝕誠實與真實性——但也不是表現惹人生厭就等同真實。這裡的意思是，一個人不一定要讓表現得「友善」的「必要」蓋過自身需求，也還是可以表現得善良、富有同情心、誠實與真實。

你接收過哪些要求你表現友善的訊息呢？請寫下自己在這方面領受過的指教。

例如：如果我在職場上責怪別人開了帶有性別歧視意味的玩笑，人們會覺得我「開不起玩笑」，把我當成「女權納粹」。我應該學著別把這些狀況放在心上。（我應該保持沉默、別反對他人的說詞——換句話說，我應該表現得「友善」一點。）

_____

_____

_____

_____

_____

現在，為上面的每一則訊息寫下反駁的說法。

_____

_____

_____

_____

例如：如果我在職場上責怪別人開了帶有性別歧視意味的玩笑，就是在設立界限與發表意見。我可以擁有自己的想法與感受。（**我不會為了對不尊重人的同事讓步，而壓抑自己的看法。**）

_____

_____

_____

_____

_____

▎討好者的恐懼

　　被動型溝通者經常擔心的是，若他們替自己說話，會被別人視為自私或帶有攻擊性的表現，而喜歡討好他人的人最怕令別人感到不快了。問題是，這份恐懼為什麼會如此強烈呢？讓別人感到不快，真的有這麼糟糕嗎？

　　在這份練習中，你會探索藏在心裡的恐懼，看看這些恐懼是如何影響你、驅使你努力討好他人。這份練習改編自名為「內在家

庭系統」（Internal Family Systems）的心理療法，在進行這項練習時，你會重複看到相同的問題，請儘量每次都把這當成誠實、非諷刺且不是反詰句的問題，認真作答。在和自己心中充滿恐懼的部分互動時，請發揮你在第三章發展出的自我疼惜。

　　首先，請回想自己過去的經歷：你有沒有哪一次想要替自己發聲，結果卻因為害怕引起別人不滿，最後選擇保持沉默？請想想自己在當下的感受。你當時是擔心或害怕什麼？如果惹對方不高興了，會發生什麼事？

我當時擔心／害怕：

_____

_____

_____

_____

_____

　　傾聽自己恐懼的聲音。也許你內心有一部分是怕自己不遵守母親的要求，就會引起她的憤怒。那現在，請保持開放與好奇的心態，問自己：「如果這件事情發生了，對我有什麼壞處？」

發生你害怕的狀況時，最糟糕的部分會是什麼？

_____

_____

_____

_____

_____

再次傾聽自己恐懼的聲音，也許你內心這一部分是怕母親生你的氣，怕她覺得你是糟糕的兒子。請保持開放與好奇的心態，問自己：「如果這件事情發生了，對我有什麼壞處？」

發生你害怕的狀況時，最糟糕的部分會是什麼？

_____

_____

_____

_____

_____

再次傾聽恐懼的聲音，也許你內心這一部分是怕母親覺得你是糟糕的兒子，就表示你**真**的是個糟糕的兒子。這件事之所以糟糕，是因為如果她把你當成壞兒子，可能就不會愛你了。

對於自己不敢違逆他人的部分，請給予寬容、同情與耐心。你可能會需要一直保持開放的心態，一次次重複自問：「最糟糕的部分會是什麼？」才有辦法找出驅使你討好他人的深層恐懼。持續給予自己充滿恐懼的部分自我疼惜，並且提醒這些部分的自己，無論其他人怎麼做，你都會愛著自己、照顧自己。

反映性傾聽

「反映性傾聽」（reflective listening）是指自信溝通的另一個面向：傾聽對方擔憂的言語。如果你想進行反映性傾聽，就請仔細將對方說的話聽進去，等到輪你說話時，平靜地重複自己剛才聽到的話，而且是一字一句重複對方的發言，讓他們知道你

瞭解他們的想法或感受。這種傾聽方式能讓對方知道你有在專心聆聽，而且你有認真看待他們的意見。

▌一再重複

在受到煤氣燈操縱時，你可能會想竭力替自己辯白，並努力讓對方相信你的感受、想法或記憶都是真的。然而，這種作法通常都沒有用，因為煤氣燈操縱的重點就是讓你以為自己錯了。有時候，你可以想一句簡單的句子，在必要時**一再重複**這句話。在面對煤氣燈操縱者時，這可能會是最有效的策略。

一再重複句應該滿足兩個條件：一、點出對方的立場；二、重申你的意見。

範例：

胡安：「你今晚得在家顧小孩，這樣我才能去比爾家看比賽。」

艾絲梅：「我知道你希望我今晚待在家裡，但我已經規劃了今晚的活動，只能麻煩你找保母來顧小孩了。」

胡安：「你這樣很自私，哪有母親不照顧自己小孩的？」

艾絲梅：「我知道你希望我今晚待在家，但我已經規劃了活動，只能麻煩你找保母來顧小孩了。」

胡安：「你說這什麼話？你到底是有什麼問題，怎麼能對自己的家人這麼冷漠？」

艾絲梅：「我知道你不太高興，但我今晚已經規劃了別的活動，我也不打算取消活動，所以請你找保母來顧小孩。我現在要出門了，準備回家時會再傳簡訊通知你。」

請寫出至少三種一再重複句，幫助自己自信地堅持自己的主張：

重複句一：

_____

_____

_____

重複句二：

_____

_____

_____

重複句三：

_____

_____

_____

▌找到可行的妥協提案

　　自信溝通的意思並不是每一次都堅持要由你作主，在使用這種溝通方式時，我們必須注意並尊重各方的需求與考量。在雙方有相反的需求時，最好的結果可能是從中找到可行的妥協方式。如果要找到可行的妥協提案，請先使用反映性傾聽，辨識出雙方相異的需求，接著提出公平考慮到雙方需求的新提案。

　　注意：在虐待情境中，施虐者試圖強迫你接受他們的意見，你可能會需要更堅定地強調自己的需求。我們是要找可行的妥協提案沒錯，但前提是這段關係中雙方都對對方懷有基本的尊重。

　　這份練習會幫助你提出可行的妥協提案，一方面承認對方的需求，另一方面讓你不會覺得自己一直被牽著鼻子走。

範例：

「我知道你真的很想和我討論這件事，但我現在必須先完成手
　邊的工作。我們可不可以十五分鐘過後再談？到時候我事情
　做完，就可以專心和你談話了。」

「我這週末沒辦法替你顧狗，不過這是我朋友的網站，他是專
　門幫人顧狗的寵物保母。」

「抱歉，我這個月沒辦法再借你錢了。你要的話，我可以下週
　找時間陪你檢查你的收支表，說不定可以一起找到開源節流
　的好方法。」

要求：

_____

_____

_____

可行的妥協提案：

_____

_____

_____

_____

要求：

_____

_____

_____

可行的妥協提案：

要求：

可行的妥協提案：

▌ 複習與總結

請回顧本章的種種練習。

哪一項練習最能引起你的共鳴？

＿＿＿＿＿＿＿＿＿＿＿＿＿＿＿＿＿＿＿＿

＿＿＿＿＿＿＿＿＿＿＿＿＿＿＿＿＿＿＿＿

有哪些練習沒能引起你的共鳴？

＿＿＿＿＿＿＿＿＿＿＿＿＿＿＿＿＿＿＿＿

＿＿＿＿＿＿＿＿＿＿＿＿＿＿＿＿＿＿＿＿

＿＿＿＿＿＿＿＿＿＿＿＿＿＿＿＿＿＿＿＿

＿＿＿＿＿＿＿＿＿＿＿＿＿＿＿＿＿＿＿＿

你現在有什麼感受？從開始閱讀本章節到現在，你的感受發生了哪些轉變？

＿＿＿＿＿＿＿＿＿＿＿＿＿＿＿＿＿＿＿＿

＿＿＿＿＿＿＿＿＿＿＿＿＿＿＿＿＿＿＿＿

＿＿＿＿＿＿＿＿＿＿＿＿＿＿＿＿＿＿＿＿

＿＿＿＿＿＿＿＿＿＿＿＿＿＿＿＿＿＿＿＿

你從這些練習當中得到了什麼收穫？

＿＿＿＿＿＿＿＿＿＿＿＿＿＿＿＿＿＿＿＿

＿＿＿＿＿＿＿＿＿＿＿＿＿＿＿＿＿＿＿＿

＿＿＿＿＿＿＿＿＿＿＿＿＿＿＿＿＿＿＿＿

＿＿＿＿＿＿＿＿＿＿＿＿＿＿＿＿＿＿＿＿

5 第三階段（設立界限）
Phase Three (Establishing Boundaries)

　　歡迎來到從煤氣燈操縱復原之路上的第三階段，本章會教你如何在現在與未來的人際關係中設立界限。這份技能是復原過程中的一大關鍵，因為唯有有了健康、穩固的界限，人際關係才能成長茁壯。

　　本章的練習題與省思寫作題會幫助你辨識並設立適合自己的界限。第一步，就是探索界限的本質，以及它們對你的意義。接著，我們會探討你個人的價值觀與界限，領著你學習如何不帶罪惡感地拒絕別人。

　　你可能一想到要設立界限便感到害怕或不自在，這些都是正常的感受。在過去，你應該是非常努力避免刺激或惹惱施虐者吧，而你也明白，你在違抗操縱者時，絕對會引起對方的憤怒。雖然你設立界限並不能保證施虐者就會改過向善，不過這些界限確實能幫助你決定哪些事情是你可以容許、哪些不能容許。此外，你還可以憑界限判斷自己在關係中該如何行動（或不行動），以及你在這段關係中的底線位在何處。界限，就是力量。

　　那麼，我們開始吧。

定義界限

「界限」是區隔人、地與物的分界線。我們可以學著管理自
己在各領域的界限，這些領域包括資產、身體上的空間／參
與、精神與情緒上的互動、性行為、社交行為，以及時間。

○ 現實VS虛構：區分關於界限的真相與迷思

我們對於界限的觀念，有多少是事實，又有多少是虛構的呢？
你可能聽過不少關於界限的說法，包括它們的好與壞，以及它們的
運作原理。我們會在這裡推翻你可能聽過的一些迷思，用事實真相
取而代之。

迷思：設立界限之後，別人就會改變他們的問題行為了。

這是相當常見的誤會，不少人以為界限可以用來改變他人的行
為。我們可以理解這種想法，不過設立界限的重點並不在於別人，
而是關乎你自己。

真相：設立界限就是在定義你的行動與選擇。

你無法控制別人的行為，如果你是抱著控制他人言行的意圖設
立界限，往往只會以失望收場。對方的反應不會受你控制，你只能
控制自己的行為與選擇。

迷思：設立界限就等於建造城牆，不讓別人進來。

在一段苦苦糾纏或虐待的關係中，對方可能會將你設立界限的

行為錯誤地詮釋為對他們的拒絕。

真相：界限其實比較像是圍籬，你可以視情況開關院門。

設立健康的界限並不等於拒絕對方，而是在經過思考之後做了決定，想要和對方建立連結。當對方表現出對你的尊重、關心、同情與愛時，你可以選擇讓界限稍微有彈性一些。

迷思：設立界限是一種殘忍、傷人又惡毒的行為，如果你愛一個人，就永遠不該對他說「不」。

煤氣燈操縱者可能會將「傷人」的罪名扣在你頭上，藉此令你心生罪惡感，進而對他們讓步。令人產生罪惡感的方法，就是用暗示、暗喻或直接指控，聲稱所有拒絕的行為都表示你不愛他們。

真相：當你設立了界限，就是在教別人如何和你長期在關愛的關係中相處，同時讓你在人際關係中展現出自己最好的一面。

在關愛的關係中，人們並不會互相強迫或施壓。當你設立了界限、自信地表達了自己的意見，就是讓對方知道你尊重自己、照顧自己，並讓對方知道你也期望他們給你尊重與關懷。如果你足夠愛自己，愛到在人際關係中期望對方給予你疼惜與尊重的對待，你就會變得耀眼迷人。

你相信哪些關於界限的迷思呢？請寫下你之前曾相信的說法，以及推翻這些迷思的真相。

迷思：

真相：

迷思：

真相：

迷思：

真相：

▊ 價值評量練習

　　界限就是兩件事物之間的那條分界線，但問題是，我們用什麼設立了這些分界線？在人際關係中，設立界限的方法就是清楚表達你個人的價值觀——定義了自己的價值觀後，你就會知道自己能接

受什麼、不能接受什麼。人際關係中的界限具有雙向性———在此，你為某事畫下了句點，對方在此也有了某種新的開始，而這裡也代表了你自己在關係中能與不能容許的事物。這份練習會幫助你檢視每一種類型的人際關係界限，並協助你明確定義自己在各方面的價值觀。

▌物質界限

物質界限關乎你的個人物品———手機、衣物、金錢、鞋子、車子、電子產品等等。你可以針對個人的資產設立界限，限定自己借出的物品種類與出借的時限、他人該如何使用與對待你的這些物品，以及物品被濫用時該如何處理。在人際關係中，對方可能會要求你免費讓他們使用你的個人資產，此時你的物質界限可能就會遭受挑戰。

評量你的價值觀：

你願意借出或送出你的所有物嗎？你一定會同意或拒絕嗎，還是有其他的條件？

_____

_____

_____

有沒有你不願意分享、借出或曾經弄丟的物品？在想到要拒絕別人時，你心裡有什麼感受？

_____

_____

_____

_____

你想要怎麼表達自己對於物質資產的價值觀？

_____

_____

_____

▌物理界限

　　物理界限關乎你的身體、個人空間與隱私。別人進入你的物理空間時，你有什麼感受？你會怎麼保護自己的空間？在人際關係中，對方也許會不尊重你對個人空間或隱私的需求，或者是不讓你拒絕對方的肢體接觸，此時你的物理界限就可能遭受挑戰。

評量你的價值觀：

你願意和朋友有哪種程度的肢體接觸？換作是同事呢？家人呢？伴侶呢？有沒有哪種肢體接觸，是以上所有的人際關係中你都無法接受的？

_____

_____

_____

你對於隱私的價值觀是什麼？你會希望在自己更衣前，其他人先離開房間嗎？你會希望在沒有其他人在場的房間哺乳嗎？你接受在自

己上廁所時，別人隔著門和你對話嗎？

_____

_____

_____

你想要怎麼表達自己對於隱私的價值觀？

_____

_____

_____

▌精神與情緒界限

　　精神界限關乎你自己的想法與意見，在設立這方面的界限時，你會將別人的想法與自己隔開；情緒界限則是關乎你對事件的感受與情緒反應。在人際關係中，對方也許會期待你和其他人有一樣的想法與感受，並且不重視思想與感受的獨立性，此時，這些界限就可能會受到挑戰。

評量你的價值觀：

你有多注重自己的想法與意見？就算這些和周遭人們的想法與意見不同，你還是重視這些屬於自己的想法嗎？

_____

_____

_____

你有多注重自己的感受？就算你的情緒體驗和周遭人們的體驗不同，你還是重視自己的感受嗎？

_____

_____

_____

_____

當別人對你施壓，要你和他們產生同樣的想法或感受時，你會希望自己如何回應？

_____

_____

_____

_____

另外，對方也可能試圖令你心生罪惡感，或讓你以為自己應該為他們的情緒反應負責，藉此挑戰你的情緒界限、逼你讓步。當別人以這種方式測試你的界限時，你會希望自己如何回應？

_____

_____

_____

_____

▊ 性界限

　　性界限關乎你所能接受的性表現、性行為與性互動範圍，這個領域另外也包括了戀愛方面的互動、有興趣或沒有興趣發生性接觸，以及同意與否。別人可能會對你施壓，要求你做你不想做的事；

你的性伴侶可能不會考慮你的感受，或提出過分的要求，對方也可能不尊重你的身體自主權──這些都是對於性界限的挑戰。

評量你的價值觀：

你是如何表現性方面的自我的？對你而言，怎樣是適當的表現？

_____

_____

_____

對你而言，哪些性表現會令你不舒服或感覺不妥？性表現可以包括性行為、特定種類的關係（例如：支配與臣服關係〔dom/ sub〕、開放式關係、單偶制關係），或是特定的性別表現（例如：女性／男性、天生的性別、二元性別選項）。

_____

_____

_____

_____

你想要以什麼方式主張自己的性界限？你想以什麼方式對自己心目中恰當的性說「好」，對你不要的性說「不」？

_____

_____

_____

_____

▌社會與社群媒體界限

　　社會界限包括你和朋友相處時可以與不能接受的事物，也包括你在社群媒體互動的方式。這些界限可能包含你願意參加哪些活動、你如何使用（或不使用）社群媒體，以及你在下班或放學後支配時間的方式。

評量你的價值觀：

對你而言，友情與社交活動有多重要？你是比較內向的人（在獨處時充電），還是外向的人（和他人相處時獲得能量）？

_____

_____

_____

有沒有哪些社交活動是你比較樂於參加的？有沒有令你感到不自在的活動？

_____

_____

_____

你有在使用社群媒體嗎？如果有，你是如何調控自己的使用時間、平臺、內容等等？

_____

_____

_____

▎時間界限

　　時間界限關乎你願意分給另一個人、一項計畫、一份工作或一份任務的時間，你可以決定是否執行某個計畫、選擇參與計畫的時間長短，並決定自己何時完成或退出計畫。

評量你的價值觀：

當別人要求你，或期待你把時間撥給他們時，你會有什麼感受？

_____

_____

_____

你願意為自己撥時間給別人或使用時間的方式制定界限、標準或限制嗎？你會為此感到不自在嗎？為什麼？

_____

_____

_____

你覺得其他人有權占用你的時間嗎？如果有，你覺得哪些人擁有這份權利？

_____

_____

_____

▌「同意」與「不同意」的四個問題

在判斷別人的要求是否符合你的「界限」之前，你必須先判斷那份要求是否符合你的「價值觀」。請參考本章「價值評量練習」（請見第108頁），找一個真實或虛構的情境作為例子，探討該情境是否符合你設定的界限。儘量挑選你可能遭遇或已經遭遇過的情境，回答以下幾個問題，決定是否要同意對方的要求。

在這個情境下，我的價值觀是什麼？

這個情境在哪些方面挑戰、質疑或符合了你的個人價值觀？這個情境支持了哪些價值觀，又挑戰了哪些價值觀？

_____

_____

_____

_____

這個情境要求我做到的行動，是否符合我的價值觀？

這裡的「行動」可以是發言、行為，也可能是要你「別」做出某種行為。這些行動或不作為符合你個人的價值觀嗎？

_____

_____

_____

_____

別人請我做這件事，我有什麼感受？

你覺得自己可以大方又輕鬆地完成對方的要求嗎？如果你照著對方的要求去做，會感到愧疚，或者怨忿嗎？

_____

_____

_____

_____

你覺得「同意」還是「不同意」比較妥當？

面對這份要求，你有沒有生出一種忠於自己的直覺反應？假設你其實想拒絕對方，你會不會感受到逼你同意的壓力？你需要多花一些時間考慮嗎？

_____

_____

_____

_____

▌界限繪圖練習

　　這份練習會幫助你以圖畫呈現出自己目前的界限型態，以及你希望自己能在未來建立的界限型態。你目前的界限可能會被歸入三種型式：弱界限、嚴格界限，或健康界限。請參考下頁圖示，瞭解不同型態的界限：

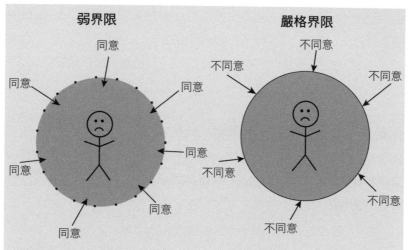

弱界限

同意
同意
同意
同意
同意
同意

- 什麼都答應，就連不好的事情也不會拒絕
- 沒辦法拒絕別人
- 沒辦法保護自己，可能會受到傷害

嚴格界限

不同意
不同意
不同意
不同意
不同意
不同意

- 什麼都不接受，就連好的事情也不會接受
- 沒辦法接受別人
- 活在自己的小世界裡
- 沒辦法接受關愛

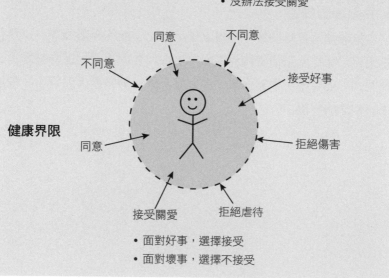

健康界限

同意
不同意
不同意
接受好事
同意
拒絕傷害
接受關愛
拒絕虐待

- 面對好事，選擇接受
- 面對壞事，選擇不接受

　　每個人和每段關係都很複雜，所以你的界限可能會是弱界限、嚴格界限加上健康界限的組合型態。舉例而言，你對小孩可能設了弱界限，但對配偶則建立了嚴格界限；又或者你對同事的界限較弱，對家人的界限較嚴格。

　　請畫一個圖，呈現出最符合自己目前狀態的界限類型（或類型組合），可以用顏色代表不同關係中、不同類型的界限（例如用紅色代表嚴格界線、黃色代表弱界線、綠色代表健康界線），也可以用符號代表不同種類的界線。在畫圖的同時，請注意不同人際關係與界限類型對你造成的影響。你有從圖畫中觀察出什麼現象嗎？

　　接下來，畫一個圖呈現出你希望自己能設立的界線類型。這張圖和上一張的差別在哪裡？如果要讓第二張圖成真，你必須做到哪些改變？

▋ 揭開內疚訊息的真面目

　　操縱者可能會透過傳達令你內疚的訊息，表現出他們對你這些界限的不滿，這類訊息往往會讓你以為自己委屈了對方，你可能會因此回歸到原本被動消極的態度。此外，操縱者也可能用內疚訊息掩飾自己真實的感受，不讓你發現你的界限令他們憤怒、哀傷、忿忿不平、傷痛或恐懼。一旦揭開了內疚面具，看見了面具底下真實的面孔，你就可以問自己一個非常重要的問題：我的這份信念是奠基於我自己的感受，還是對方的感受？

▋ 賓果遊戲：界限與內疚

　　許多虐待關係的倖存者都感受到了強烈的罪惡感，因此沒辦法順利地設立界限。他們相信了前面所提到的種種迷思，認為設立界限代表自己很自私、殘忍、是對對方的拒絕。底下表列出一些內疚

的觀點或感受，它們可能會干擾你設立界限的能力。請將令你產生共鳴的項目圈選或標記下來，並寫下這些觀點與感受是如何影響你在人際關係中設立界限的能力。

拒絕別人是卑鄙的行為。	如果我照顧自己，就表示我不關心團隊。	如果我不隨和，別人就不會喜歡我。	如果你愛一個人，就該願意為他們做任何事情。	先考慮到自己是自私的行為。
我如果知道別人有什麼需求，心裡就會難受。	我不想讓別人傷心。	其他人的需求比我的需求更重要。	如果我不幫忙，就表示我太冷酷無情。	如果我設立界限，上司一定會想辦法報復。
伴侶說我就是他的一切，所以我也該把他當成我的全部。	如果我渴望什麼東西，這樣是不對的事。我該對原本擁有的事物感到知足。	我不想因為對別人說「不」，害別人的生活更難過。	既然是朋友的要求，我就該答應，就算我其實不太想。	我不希望自己的需求造成別人的負擔。
我試圖設立界限時，別人會感到不高興。一定是我哪裡做錯了。	無論如何都不該拒絕自己的家人。	我把時間留給自己，就是奪走了原本該給小孩的時間。	我不想借錢給姊妹，卻覺得自己不太有辦法說「不」。	先照顧到自己的需求是自戀的行為。
如果我先照顧自己的需求，就是對別人不公平。	我欠這個人太多太多了，沒辦法拒絕他。	談界限這種東西太苛刻了，我應該多一些彈性才對。	我總覺得自己是在對別人豎起高牆。	如果我不妥協，我就和施虐者沒兩樣。

上述哪幾句話讓你感觸最深？哪幾句話沒有產生共鳴？

_____

_____

_____

你是否受到了罪惡感的影響，沒辦法順利地在生活中建立界限？

▋ 家庭故事

你的原生家庭對界限有什麼看法？從你童年到青少年、成年時期，你的家人是否支持你發展出自己獨特的見解？還是他們比較不顧你個人的信念，要你照著家庭或家長的期望行事？對於不同的家庭成員，規則是否有所不同？

當你或其他人試圖設立界限，試著把自己視為獨立的個體成長發展時，你的家人有什麼反應？請寫下你的經歷。

例一：法蘭克叔叔是典型的「賴家王老五」，一直都住在奶奶家裡，一直到奶奶去世。他曾想和女友同居，其他家人卻讓他覺得這是拋棄奶奶的行為，所以他最後還是沒有搬出去。

例二：我想就讀離家很遠的一所大學，但媽媽哭了，說我讓她很心碎，所以我最後住在家裡，去讀我家附近的社區大學。如果我很晚回家，媽媽就會一直醒著等我回來，說她擔心到沒辦法安心入睡，我聽了就覺得自己是無比糟糕的女兒。

_____

_____

_____

_____

_____

_____

_____

_____

▌ 你的時間線

　　你在第四章畫了自己的成長時間線（請見「成長史時間線」，第82頁），現在，來畫一條尋找自我之旅的時間線吧。用視覺方式呈現自己設立、測試與調整界限的一個個階段，從童年畫到青少年與成年時期。

　　舉例而言，童年應該會包含許多測試規則的行為，你可能會試著不遵守家中或學校的規定，想看看會發生什麼事。青少年時期則可能會有更多類似行為，你或許會嘗試新髮型、發展新的興趣、愛好與朋友圈。到了青年時期，你可能會做一些決策，決定要不要往上念研究所、規劃事業軌道，與挑選戀愛伴侶。

　　在你記錄界限發展的過程中，每一次界限有所變化時，也請記下家人對這些變化的反應。當四歲的你不想給遠房親戚抱抱時，家長是鼓勵你說「不用，謝謝」，還是怪你對親戚沒禮貌？你十八歲時去刺青，父親是威脅要把你趕出家門，還是支持你探尋屬於自己的自我表現方式？

你的時間線

時間線標題

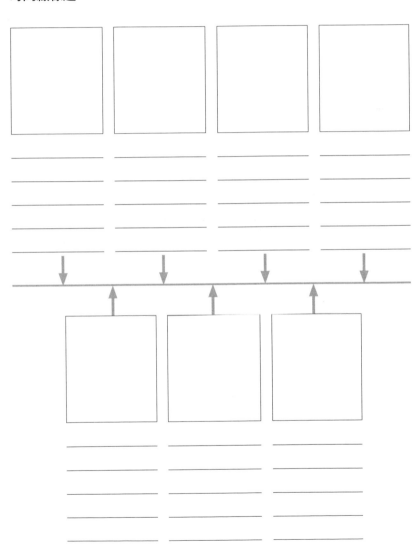

▌界限之輪

當你不確定自己的責任包含（與不包含）哪些範圍時，就很難設立有效的界限。因為說到底，界限的重點就是管理自身控制範圍內的事物，但問題是，你怎麼會知道哪些事物在你的管理範圍內，哪些是別人該管理的範圍？煤氣燈操縱會使這些分界變得模糊不清，操縱者會誘騙你為自己不該承擔的事情負責，藉此得利。下圖會幫助你區別自己應該負責與不該負責的範圍：

界限之輪

這張圖有哪些部分引起了你的注意？你的界限有沒有在某些方面變得模糊？你需要哪些東西才有辦法將別人的責任還給他們？

_____

_____

_____

_____

_____

▌「我的」或「不是我的」

　　無論在何種關係中，設立界限的核心都是在於清楚區分自己與他人。簡而言之，界限就等於在問：「這是我的東西，還是不屬於我的東西？」在以下的練習中，請閱讀幾個小故事，評估故事中的問題或狀況是屬於自己的，還是對方的。

扶養難題

　　你的前妻和孩子們相處了一個週末，她原本答應要在某個時間點把孩子帶回你家，可是距離約定的時間已經過了兩個小時。你傳簡訊問她：你什麼時候會回來？孩子們明天還得上學，不是說好要在晚餐前帶他們回來的嗎？前妻氣呼呼地回傳訊息，指控你意圖奪走她和小孩相處的時間，還說你這是想控制她。

　　你火大了，但還是試著鎮定地提醒她，你們當初在協調扶養權時就規定了送小孩回家的時間，你不過是依照規定行事而已。但前妻怪你害她和孩子疏遠了，她說你太過重視規定，忽略了建立親子關係的重要性。你心裡有點愧疚，因為你知道孩子們想念她，而你也不確定自己要求她遵守扶養協議是不是正確的作法。

前妻和你們小孩之間的親子關係，應該由誰負責？

_____

_____

_____

上述情境中，有哪些部分不應由你負責？

_____

_____

_____

上述情境中有你該負責的部分嗎？若有，那是什麼？

_____

_____

_____

幫人擦屁股

　　你們團隊有一個成員的工作進度落後，這項專案已經因此延期了，所以主管要求你今晚再次加班趕進度。你加班也領不到加班費，而且你自己份內的業務都已經準時完成了。你知道這項專案很重要，但主管要求你替團隊成員擦屁股，讓你感到很生氣、很不平衡。「傑瑞如果按時完成該有的進度，我這週就不必花三個晚上加班，晚餐吃微波食品。」你一邊嘀咕一邊坐回位子上。你太太等一下知道了一定會生氣，但你也沒辦法啊。

專案進度落後是誰的責任？

_____

上述情境中，有哪些部分該由別人負責？

上述情境中有你該負責的部分嗎？若有，那是什麼？

弟弟的守護者

　　你弟弟沒聽父親的話，跑去刺青，父親為此超級生氣。弟弟已經二十歲了，但你父親卻還是要求他完全服從家長的命令。看你沒有立即加入責備弟弟的行列，父親也對你發火，還怪你鼓勵弟弟忤逆父母。他說刺青是叛逆的第一步，等到你弟弟吸毒，最後變成無業遊民，這一切就都是你害的，因為你沒管好弟弟。事後，弟弟打電話問你為什麼沒叫父親別再管了。現在，不論是父親或弟弟都怪你沒幫他們說話。

弟弟去刺青的決定該由誰負責？父親的情緒反應又該由誰負責？

上述情境中，你的界限受到了何種挑戰？

_____

_____

_____

上述情境中有你該負責的部分嗎？若有，那是什麼？

_____

_____

_____

界限是給誰用的？

　　許多人在試圖設立界限時，都是希望別人能停止傷害他們，或是別再做令他們難受的行為（請見「現實VS虛構：區分關於界限的真相與迷思」，第106頁）。問題是，我們沒辦法控制別人的行為，如果你設立界限的目標是改變他人，那最後就只會換得失望。

　　界限的重點並不是別人，而是你自己，以及你在人際關係中所需的個人空間。界限可以讓別人知道你接受與不接受的範圍，定義出你和他人的分界。除此之外，界限也能告訴對方：當你要求對方停止再做令你難受或不尊重你的行為，但對方還是無視你的請求時，你會採取什麼樣的行動。

　　為了達到這些目的，大部分的界限都應該是「我」陳述句，傳達你在特定情境中會採取何種行動（請複習第四章「『我』陳述句」的段落，第91到93頁）。舉例而言，你的界限可以是：「我覺得你對我的體重做出這些評論，我聽了很受傷。如果你

繼續發表這樣的言論，我就會中止對話。」這樣平鋪直敘的陳述句讓對方知道他們越界了（不該擅自發表這些傷人的言論），同時道出這些言論對你的影響（你覺得很受傷），並且還表達了如果對方不接受你的要求、持續發表這些言論的話，你會如何反應（中止對話）。

▋ 設立界限的基本原則

除了將重點放在你參與人際關係的方式之外，有效的界限也該遵守幾條基本的原則。我們在此列出四條設立界限的基本原則：

1. 清楚地表達你對事情的定義。

明確地道出問題。「你很惡劣」這種含糊、空泛的陳述並沒有幫助，你應該儘量明確地點出對方的問題行為。舉例而言，你可以更清楚地定義問題行為，向對方說：「你這樣惡意拿我開玩笑，是很惡劣的行為。」

2. 具體表達。

「你每次都⋯⋯／你從來不⋯⋯」這種句型太過空泛，沒辦法有效地將問題範圍傳達給對方，你必須具體點出特定的行為、情境或要求，強化自己的處境。「你剛剛用力捶了我面前的門一下，然後又矢口否認這件事。」

3. 用「我」陳述句。

請記得，界限的重點是你，你要用界限定義出個人空間。請用「我」陳述句來傳達問題行為對你的個人空間造成的侵犯，不管是物理上、精神上、情緒上，或是其他方面的侵犯。「我叫你住手之後，你還是繼續搔我癢，我覺得你沒有尊重我，這讓我很生氣。以後如果你再搔我癢，我就會直接走人。」

4. 設下可維持的後果。

在設立界限時，你也該界定出對方無視你這份要求的後果。要是別人不尊重你設立的界限，你會怎麼做？請準備好自己可以維持的後果，別說：「你要是用這種方式對我說話，我就再也不跟你說話了。」試著對對方說：「我已經請你用正確的性別代名詞稱呼我了，如果你再用錯的代名詞稱呼我，我會直接離開。」

接觸的等級

我們當然很希望其他人都能尊重我們，但無論你多麼堅定地主張意見、無論你的界限多麼合理，就是會有人不尊重你的界限，或是對你的警告毫無反應。在這種關係裡，你可以考慮減少和對方接觸，以減輕自己可能受到的傷害。

低接觸關係就是限制自己和施虐者相處的時間，減少自己持續受虐的機會。在低接觸關係中，對方出席的大部分社交活動你可能都不會參與，但你們還是會偶爾透過電話、電子信件或訊息保持低限度的聯繫。如果對方是親戚、和你有共同兒女的前任配偶，或是你無法完全避開的同事，低接觸關係就會是不錯的策略。

無接觸關係就是低接觸的終極作法，也就是完全斷絕或終結你和對方的關係。在這種情況下，你不會主動聯繫對方，對方聯繫你時你也不會回應，你還會完全避免可能和對方碰面的情境。在極端情況下，你可能會搬到別的城市，盡量遠離對方。之所以會採取無接觸策略，通常是因為對方持續對當事人施以

嚴重的虐待，而且毫無悔改的意願。

▍拒絕的十種方法（這樣做並不會太狠心）

許多人都不擅長拒絕別人，因為覺得自己不接受對方的要求就是狠心、自私或無情。其實，設立界限並不是狠心的行為，你這是在保護自己的時間、精力與空間，如此一來，才能在自己選擇的時間更樂意、大方地和別人互動。比起一聲心不甘情不願的「我同意」，一句堅定的「我不要」對大家都更有好處。

以下是十種拒絕別人的說法，這些說法都不算狠心或冷酷：

1. 我不要。
2. 我不喜歡這樣的作法。
3. 抱歉，我做不到。
4. **這件事**我做不到，但我可以做**另一件事**。
5. 我覺得這樣做不好。
6. 我不接受這種行為。
7. 下次再說吧。
8. 謝謝你的邀請，但我得拒絕你。
9. 不用，謝謝。
10. 還是不用了。

你還能想到其他的拒絕方法嗎？請寫下一些其他的說法。

_____

_____

_____

_____

▌如何處理他人的負面反應：飛猴

「飛猴」是《綠野仙蹤》故事中西方女巫的手下，在電影裡，壞女巫會派手下去騷擾與捕捉桃樂絲，把不光彩的工作交由飛猴去做。在人際關係中，飛猴扮演中間人的角色，他們會試圖將剛剛重獲自由的親友拉回群體之中。

飛猴經常聽命於煤氣燈操縱者，或是代替操縱者聯絡受害者，利用受害者的同情心或對健康關係的渴望來操控他們。飛猴可能會對受害者施壓、引起罪惡感、控制他們或哄騙他們，將他們拉回施虐者的影響範圍裡。飛猴可能將自己視為和事佬或調解人，但他們往往是在替不願放受害者離開的操縱者辦事。

範例：阿瑪莉也不想在自己與母親之間劃界限，但她實在再也受不了母親那種被動攻擊式的評論、隱晦的批評與種種責難。今年是她第一次不回家陪媽媽過聖誕節，她知道不回家是正確的選擇，卻還是感到十分悲傷。

聖誕節前幾天，阿瑪莉接到阿姨的電話，阿姨問她會不會回家過節。阿瑪莉說她需要一些獨處的空間，也需要暫時遠離媽媽，結果阿姨罵她怎麼能讓母親一個人孤孤單單過節，說她不該這樣懲罰母親。掛斷電話後，阿瑪莉哭了出來。隔天，她接到了第二通電話，這次是外婆打來的。「阿瑪莉，」外婆說道，「你媽雖然不完美，但是你這樣真的太過分了，還不趕快回來和她把話說開。」聖誕節那天來臨前，親戚們接二連三地打電話和傳簡訊給她，媽媽卻連一通電話也沒打來過。

阿瑪莉的阿姨、外婆與其他親戚都成了這個情境中的飛猴。

你有在人際關係中遇過飛猴嗎？請寫下自己的經歷。

▌如何處理他人的負面反應（二）：「聽話」訊息

「聽話」訊息可以是隱晦的，也可以是直白的訊息，它要求你回到自己原本的位置，回到煤氣燈操縱者的影響範圍裡。如果飛猴沒辦法動之以情，他們可能會用「聽話」訊息讓你產生罪惡感，逼你服從。

範例： 雅各小時候和父親關係很好，但後來父親開始酗酒，父子關係越來越僵。雅各替父親處理很多次酒駕問題，父親做了危險的事情時雅各也會替他解危，可是最後他終於受夠了。這一次，父親酒駕出了車禍，雅各沒有去幫忙，於是父親打給雅各的弟弟賽斯，賽斯特地開車去幫父親把車子從路邊的大水溝拖出來。

這天深夜，賽斯突然火冒三丈地出現在雅各家門口。「你怎麼可以自己窩在家裡看電視，讓我幫老爸收拾爛攤子？」賽斯厲聲問道。「我剛剛花了好幾個小時把他的車子從水溝裡拖出來，還確認他沒撞到腦震盪，你就不能來幫忙嗎？你也太自私了吧，居然連自己的家人都不幫一下！」雅各提醒賽斯，這些事情他已經默不吭聲地做好幾年了，可是賽斯不在乎。「你不可以拋棄自己的家人。」賽斯憤怒地說。「下次發生這種事情的時候，你最好給我出來幫忙，不然我就讓整個家族知道你這個人的真面目。」

賽斯羞辱了雅各，還罵他自私，試圖施壓讓哥哥回去當那個解決問題、縱容父親的角色。

你在人際關係中接收過「聽話」訊息嗎？請寫下自己的經歷。

_____

_____

_____

▍辨識出幽微的跡象

　　如果你從小或長期處於界限失調的關係中，當他人做出無視你界限的言行，你可能就會無法辨識。有時候，越界的行為並不明顯——畢竟事情並不是你在地上畫一條線就好，你也不會看到別人在線上跳踢踏舞挑釁你。

　　對一些幽微的跡象，你可以特別注意，這能幫助自己尋找線索，看你的界限是否受到下意識的挑戰。請回想一下，你有沒有覺得不太舒服、狀況不對勁或事情就是不對的時候？你可能會隱隱覺得狀況有點怪，卻沒辦法清楚說出究竟是哪裡不對。請用以下幾道問題檢視那段回憶：

在那個情境中，我產生了哪些情緒？

_____

_____

_____

在那個情境中，我產生了哪些想法？

_____

_____

_____

在那個情境中，我的身體有什麼感覺？

_____

_____

_____

在那個情境中，我的哪些價值觀遭到了忽視、貶低，或沒有受到重視？

_____

_____

_____

▌踐踏界限

　　侵犯界限的極端表現就是大搖大擺的「踐踏界限」行為。當別人將你設立界限的行動解讀為針對他們的人身攻擊時，他們可能會選擇踐踏你的界限。踐踏界限的人相信他們自己的願望與欲望比別人的更加重要，在他們眼裡，你設立的界限就是對他們的挑戰，他們可能會多次測試你的界限，最後終於大力踩過去、激起你的反應。在你受到刺激、產生反應之後，煤氣燈操縱者可能會利用你的反應來操縱你，將你界限遭到侵犯時的反應描述成過激的反應。

　　以下是幾種踐踏界限的例子：

- 你對婆婆說明了照顧孩子的方法，告訴婆婆小嬰兒還沒辦法吃固態食物，婆婆卻無視你的指示，餵孩子吃冰淇淋。

- 男朋友明知你討厭海鮮，每次去餐廳還是硬要幫你點餐，而且每次都會點海鮮。他相信你（被迫）多吃幾次以後，也會和他

一樣愛上海鮮。

- 朋友借了你的車，結果把你設定的廣播電臺全部改掉，或者用你的錢幫你訂閱廣播節目。

- 上司再三要求你在休息日處理工作問題，不停寄信或打電話給你，硬要你放下手邊的事情處理這些工作。

你在生活中遭遇了哪些踐踏界限的行為？

_____

_____

_____

_____

你如何反應？

_____

_____

_____

_____

▋ 互動、結束互動，或策略性撤退

　　在前面幾份練習中，我們探討了你可能遭受的種種界限侵犯。接下來的這份練習則會為你提供三種選項，幫助你在別人不尊重或無視你的界限時，做出適當的反應。當別人挑戰你的界限，你有三個基本選項：互動、結束互動或策略性撤退。

　　互動：有時候，你可能會想在當下對對方說清楚。你可以告訴他們：他們越過了你的界限，這些界限對你而言有多重要，他們若不停止越界的行為，就必須面對後果。倘若對方和你爭辯或質疑事

情的嚴重性，你可以多加解釋，也可以簡單地重申你的主張（請複習你在第四章「一再重複」小節所做的練習，第100到101頁）。

請想像看看，在什麼樣的情境下，別人越界時你仍會選擇和對方互動？

_____

_____

_____

_____

　　結束互動：有些情況下，別人挑戰了你的界限，你知道即使和對方討論也沒有任何意義。在面對這種只有死胡同的對話時，你可以用以下幾種方式結束互動：掛斷電話、離開現場、不回簡訊，或是轉移話題。當煤氣燈操縱者挑釁你，挑戰你對事件的認知時，你或許可以這麼結束互動：「我們對事情的記憶不一樣，似乎沒必要繼續討論這件事。」

請想像看看，在什麼樣的情境下，你會選擇結束互動？

_____

_____

_____

_____

　　策略性撤退：當你知道自己可能處在煤氣燈操縱、飛猴、踐踏界限或「聽話」訊息的情境中，你可以考慮留給自己一些策略性撤退的空間。把車子停在停車場邊緣、站在離門口不遠的位置，這

樣隨時可以離開現場。如果衝突愈演愈烈，到了你覺得不安全的地步，請記得：你沒有義務留下來繼續受虐。

請想像看看，在什麼樣的情境下，你會選擇策略性撤退？

_____

_____

_____

_____

▌你的歷史基礎

　　凡事都有第一次，設立界限也不例外。請回想自己過去試圖在人際關係中設立界限的經驗，即使你認為自己做得不好，或是失敗了，那些初步嘗試的經驗也是播下種子的第一步，你會逐漸學會守住屬於自己的空間。

你在過去曾試著設立哪些界限？

_____

_____

_____

在過去嘗試設立界限時，有哪些部分順利進行？

_____

_____

_____

有哪些部分進行得不順利？

_____

_____

_____

_____

換成是現在的話，你會改變哪些作法？

_____

_____

_____

_____

在這個情境中，你有增進對於自己與對方的認識嗎？你學到了什麼？

_____

_____

_____

_____

你現在想在生活中設立哪些界限？

_____

_____

_____

_____

你已經比過去更瞭解設立界限的方法了，現在的你可以採取哪些不

同的行動？

_____

_____

_____

_____

▌ 離開的許可／留下的許可

　　當你正處於受虐情境、又沒什麼機會改變情勢的狀況下，你可以選擇讓策略性撤退變成永久性撤退。雖然社會對於家庭、承諾與社群的期望非常多，但你必須先顧及自己的安全與健康。這可能會是十分困難且令你深感痛苦的決定，不過你要知道，有些關係是怎麼也救不回來的。

　　必須發生什麼事情，你才會選擇結束一段關係？你的底線在哪裡？你需要對自己說什麼，才有辦法離開一段虐待關係或破壞性關係？請寫下來。

我的底線是：

_____

_____

_____

_____

我准許自己離開這段關係，因為：

_____

_____

_____

在某些關係中，你可能會覺得自己無法離開，或不願意離開。如果你選擇留下來，那請先想想看：這段關係必須變成什麼樣子，你才會感到安全？你可以用什麼方式讓這段關係變成可行範圍內最好的狀態？

我留下來的理由是：

_____

_____

_____

我允許自己（做）：

_____

_____

_____

▋ 保護式的想像

在某些時候，你不得不和挑戰你情緒與精神界限的人相處。以下這份想像練習會幫助你記得：你不必接受對方對你個人空間的進犯。在和挑戰你界限的人見到面之前，你可以簡單地冥想片刻，或者在你一感覺到對方開始挑戰你的界限時，就短暫地冥想。

首先，請注意自己皮膚形成的物理界限，意識到你的身體在空間中的起點與終點都十分明確。接著，想像一層透明、有彈性但堅韌的保護膜包住了你全身的肌膚，空氣與正面能量可以穿過這層膜流入你身體，但負面能量會被阻絕在外。

接著，請想像挑戰你界限的人被透明的圓柱或圓拱罩住，圓拱被封住了，對方沒辦法離開自己的空間、進入你的空間。他們的負面能量、煤氣燈操縱、對你施加的罪惡感與其他的操控手段，全都被困在那個圓拱內了。對方可能會想打破圓拱、侵犯你的界限，但你會受到隱形的保護膜保護，對方只能和自己散發的能量一同困在圓拱內。

▌確認自己的空間

請創造出至少五個肯定句或真言，這些語句會支持你使用並占據空間、設立界限與作自己的權利。把話語說出口，讓自己尋求的事物成真。對宇宙或是你心靈信仰的對象表達感激，感謝它支持你的界限。

範例：

「我有權設立對我生命有幫助的界限。」

「我每天都越來越瞭解自己想要與需要的界限。」

「我可以輕鬆地說出自己的界限是什麼，要別人尊重我設下的界限。」

輪到你了：

_____

_____

_____

_____

_____

▌ 複習與總結

請回顧本章的種種練習。

哪一項練習最能引起你的共鳴？

_____

_____

_____

_____

有哪些練習沒能引起你的共鳴？

_____

_____

_____

_____

你現在有什麼感受？從開始閱讀本章到現在，你的感受發生了哪些轉變？

_____

_____

_____

_____

你從這些練習中得到什麼收穫？

_____

PART 3

從創傷中復原

HEALING FROM TRAUMA

　　受到煤氣燈操縱後，我們走上這條復原之路的終極目標，就是治療你在虐待關係中所受的傷害。你已經讀過並完成了本書前兩部的練習，理解了你因為煤氣燈操縱所受到的傷害，還有這份痛苦如何影響了你在人際關係中的互動方式，以及如何保護自己不受更多虐待。現在，請將注意力放在自己準備療傷的部分。本書的第三部會教你如何透過自我照護的方式替自己療傷，並幫助你學習真正健康的人際關係看起來應該是什麼樣子、帶給你什麼感受。

6 自我照護
Self-Care

你已經來到本書的最後一個階段了，請花一點點時間恭喜自己，感謝自己付出了這麼多努力。你認識了煤氣燈操縱的定義，以及它的跡象、症狀與長期影響。你探索了煤氣燈操縱對你個人的衝擊，也建立了自我疼惜、自信溝通的能力，並重建了自尊心，踏上了療癒之旅。要從受害者變成倖存者的這條路可能並不好走，你在這段旅程中跨出的每一步都值得嘉許，你也該以自己為傲。

在閱讀本章時，你會學習如何發展出一套自我照護程序，以支持自身的成長與療癒。請利用本章的各種練習，清楚定義出你自我照護的需求、辨識出阻止你照護自我的障礙物，並邁向更健康的生活模式。

請記得，你是在滿足自己的需要，這樣的行為並不自私，這種自我照護是讓你變得健康、完整的關鍵。然而，「知道自己可以這麼做」和「明確知道該怎麼做」是兩回事，所以這就是本章的重點：分享新的見解、觀點與選項，幫助你照顧自己。

那麼，我們開始吧！

○ 自我照護的領域

自我照護包括五大領域：身體、精神、情緒、心靈與關係。

身體自我照護是指你對自己身體的照顧。這類照護包括：充分休息、保持飲食方面的健康、充分飲水、充分運動、治療疾病或傷

口，以及與他人有正向的肢體接觸。

　　精神自我照護是指你對自己頭腦的照顧。這類照護包括：學習新事物、挑戰與改變有問題的思考模式、發展出以知識與資訊為基礎的意見、在從事工作等精神勞動後得到充分休息，還有以你喜歡的方式進行腦力活動。

　　情緒自我照護是指你對內心的照顧。這類照護包括：和自己的感受建立連結、認可自己的感受、治療情緒創傷、以建設性的方式表達自己的感受，以及從事令你內心充實滿足的活動。

　　心靈自我照護是指你對靈魂的照顧。這類照護可以是宗教信仰與修行，但也不一定和宗教有關。心靈自我照護包括：冥想、正念、發出心念（set intentions）、自我肯定，以及感激練習。

　　關係自我照護是指你在人際關係中對自己的照顧。這類照護包括：決定要花時間和誰相處、在伴侶關係中維持個人的獨立性、培養充滿關愛的人際關係，以及終止或改變有害的人際關係。

　　你可能會發現，以上幾種領域多少有重疊之處。人是很複雜的存在，每個人都有許多面向，而正因為這些領域互相重疊，你在一個領域上給予自己的照護，可能會使正面能量擴散至其他領域。舉例而言，你在肌膚上塗抹芳香乳液時，除了讓皮膚變得柔軟之外，你還會想起和那個香味有關的美好回憶，因而使你感到快樂與滿足。讀一本好書除了幫助你開拓視野、認識新觀念，還可以帶你走過各式各樣的情緒體驗，而且你下次參加社交活動又有了新的談資。

　　這份練習會幫助你為許多你確定的活動建立一塊你自己最主要的自我照護領域——但如果你的自我照護練習涉及了好幾個領域，那也沒關係，這就表示你自我照護的投資報酬率會特別高！

請寫下你目前為止最喜歡的五種自我照護方法。你最喜歡的自我照

護方法屬於哪個（或哪些）領域？有沒有哪些是你目前沒顧及到的
領域？

_____

_____

_____

_____

_____

自我照護不簡單

真正有效的自我照護，並不是整個週末都癱在沙發上看
Netflix。偶爾慵懶地度過一天確實不錯，但這本身並不足以
讓你恢復精神、重新啟動。在建立自我照護程序的同時，請記
住以下幾個核心原則。自我照護的特性是：

能夠連結：自我照護的核心精神就是和自己的需求、渴望與
身心健康建立起連結。如果你在進行了自我照護之後還是不覺
得你和自己的關係變得更加協調，那麼，你可能得調整自我照
護的方法。

具主動性：理想情況下，自我照護是一種主動的過程——它
是你每天日常活動的一部分，而非等到身心俱疲了才開始照顧
自己。請找到每天主動照顧自己的一些小技巧，別等到暈頭轉
向、疲憊不堪了再來想辦法。

重獲活力：自我照護應該要讓你恢復平時花在其他事物上的

能量，即使有時你在自我照護之後會覺得身體上是疲累的，但心靈又恢復了精力。

　　往外擴張：自我照護會在你成長的同時跟著你一同茁壯與深化，這是一段逐漸演進的動態過程，它會在你成長與發展時跟著改變。如果你覺得平時的自我照護方法太無聊、陳舊，或了無新意，那就是時候嘗試新方法了。

▌身體自我照護：休息、復原與恢復精神

　　如果你隨機問一群人，看他們平時是怎麼自我照護的，大部分的人應該會說他們最喜歡的方法之一就是「休息」。你每天忙著顧工作、學業、運動、興趣、家庭義務、社交活動、在社群媒體上貼文、家事、通勤、看新聞……你的日子從早上睜眼到晚上闔眼，從頭到尾都充滿了各式各樣的繁忙。我們的社會變得越來越忙碌、越來越焦慮，也越來越疲憊。

　　如此說來，這麼多人渴望休息也是情有可原啊！休息是身體自我照護的重要元素之一，在得到充分的休息之後，我們的身體才能在一天勞碌之後復原、重獲奔波時消耗掉的能量，並且恢復精神。請回答以下幾道問題，評估自己是否得到了充分的休息：

你每晚需要睡幾個小時，才會覺得自己得到了充分的休息、早上有力氣起床？

_____

那你實際上可以睡幾個小時？

_____

如果你睡得不夠，你覺得是什麼影響了你的睡眠？

_____

你可以怎麼改善休息品質？請舉出你可以立即做到的至少一種改變。（例如：睡前一小時不看螢幕，非得使用螢幕的話開啟濾藍光功能，下午一點過後不攝取咖啡因等等。）

_____

_____

休息不見得等於睡眠。除了睡覺之外，讓身體休息的方法還包括：在生病或受傷時請假休養、靜坐冥想，以及暫時放下手邊的事情，慢慢深呼吸。請再舉出三種以上的休息方法。

_____

_____

_____

▌身體自我照護：動起來

反過來說，人的身體天生就該活動。無論你是否擅長體育、肢體移動能力如何、是否有肢體限制，想辦法動一動身體，都屬於自我照護。即使對有肢體障礙與慢性疼痛如纖維肌痛症（fibromyalgia）等等的人而言，在日常生活中融入一些運動也可以顯著改善不適的症狀。

請回答以下幾道問題，讓你在進行身體自我照護時更有活力。

你喜歡哪些種類的身體活動？活動不一定等同正式的運動，只要是

能讓你動起來、讓你感覺身心舒暢的動作都算在內。

你多常從事這些活動？

如果你不常從事這些活動，是什麼阻礙了你？

你可以用什麼方法讓身體活動的程度提升百分之十？請舉出至少一種你可以立刻實行的方法：

　　有時候，人們不太敢參與比較有挑戰性的身體活動，但追求挑戰可以令人振奮、帶來刺激，就算困難也值得一試！請舉出你心目中有點可怕或有挑戰性的至少一種身體活動，並制定計畫，在接下來一個月內至少嘗試一次。

例如：我這週五晚上六點會去附近的攀岩場館，參加初學者攀岩課程。我會把運動服準備好、放在車上，下班以後馬上去攀岩。

▌精神自我照護：讓自己放鬆一下

你應該聽過（也用過）「放空」這個詞來描述如何讓自己放鬆一下，放空是一種精神上的休息，也是相當有效的一種休息方法。你可以用放空的方式在精神上遠離問題，不過除了放空之外，還有其他在精神上拉開距離的方法。請回答以下幾道問題，探索精神上放鬆的其他方法：

你覺得哪些任務或情境容易令你精神疲勞？

_____

_____

你覺得自己在什麼時候需要放鬆精神？你會在什麼時候感覺到精神疲勞的狀況最為嚴重？

_____

_____

你的想法容易在什麼時候失控？

例如：我晚上會忍不住一直回顧自己的代辦事項清單，確認自己有沒有漏掉什麼事情。

_____

_____

有什麼方法可以讓你在不完全放空的情況下放鬆精神呢？請舉出至少一種方式。

例如：心思開始失控時，我會把想法記錄在放床邊的筆記本上，這

樣就不用把事情全部塞在腦子裡了。

_____

_____

▍精神自我照護：深入照護

　　有時候，精神自我照護可以是放空的相反：你可以集中精神探討自己的深層想法。深入想法的方法包括：閱讀自助書籍（這本就是！）、學習新技能或進一步發展你已經學會的技能、寫日記，以及懷著尊重的心態和人進行辯論。讓頭腦進行有趣又刺激的活動，也是一種精神自我照護。

　　請回答以下幾道問題，探討各種活用大腦、深入思考與開拓視野的方法：

你對哪些活動、議題、練習或問題感興趣？你覺得有哪些活動能刺激你的心神？

_____

_____

你覺得自己具有哪些領域的學識？你想要增進自己在哪些領域的知識？

_____

_____

有沒有什麼問題（可以是認真嚴肅的問題或是有點好笑的問題）是

你一直想找到答案的？請舉出至少一個問題，把答案查出來，簡單
扼要地寫在這裡：

問題：

_____

_____

答案：

_____

_____

有沒有哪種技能是你想學習、加深或拓展的？請舉出至少一種技
能，並找出你可以用來學習這項技能的資源。

例如：我想學吉他。我這週會上YouTube找教學影片，學會彈一個
和弦。

_____

_____

_____

自我照護並不自私

　　情緒虐待的倖存者有時會覺得不該花時間滿足自己的需求，
他們可能擔心這是自私的行為。你是否也為此感到擔憂？這份
擔憂是否妨礙了你對自己的照護？如果有，請你不要自責。照
護自己並不等於為了自身利益無視或踐踏別人的需求，而是充
分投入人際關係並給對方關愛的關鍵之一。

▌ 情緒自我照護：承認、認可，以及友好面對自己的感受

在一段煤氣燈操縱關係中，你最先失去的可能就是表現情緒的自由。操縱者會質疑與批評你的感受，讓你的感受無效化，藉此令你處於不穩定的狀態。當別人時時刻刻告訴你「你的感受錯了」，你照顧自身情緒健康的能力就會大打折扣，所以在做情緒自我照護時，你必須先消去操縱者對你灌輸的這些訊息，用內在的自我肯定取而代之。

在產生情緒反應時，先暫停一下，注意自己實際的感受。請在此寫下你感受到的情緒。

例如：我和女友吵架後心情很難過，感到憤怒、悲傷與羞愧。

_____

_____

_____

當你發現自己沒有產生情緒反應時，請保持好奇的心態，注意當下的狀況。你不允許自己感受的究竟是何種情緒？

例如：被女友責罵時，我心裡會變得一片空白。比起生氣、受傷，還是什麼都別去感受比較好。

_____

_____

_____

無論你的情緒體驗是什麼，請認可自己的體驗。

例如：我現在感到非常憤怒，這份憤怒是站得住腳的情緒反應。

_____

請友好面對自己的感受，它們是在告訴你你體驗人際關係的方式。
例如：我認同自己的憤怒，因為它會在別人越界時提醒我。憤怒，
謝謝你。

◯ 情緒自我照護：療傷與釋放

　　情緒自我照護有一個重要的部分，就是上一節所說的承認、認
可，以及友好面對你的感受。除此之外，明言指出與接受你的感受
也是一種效果極強的自我關愛行動，可以抵消煤氣燈操縱者對你灌
輸的訊息，幫助你尋回被抹消的自我。但是在一些時候，我們會受
困於難纏的情緒，並讓痛苦延長、推遲了療傷。當你感受到無助、
悲痛、怨忿與絕望，要在人生路上繼續往前便會非常艱難，這時，
就須學會釋放情緒。

　　請注意：療傷與釋放並不能一蹴而幾，它是一段過程。你可能
會需要重複這份練習多次，才有辦法放下這些情緒。在開始進行心
理治療時，你可以將療傷與釋放痛苦當成目標，朝這些理想前進。
你也可以先從本書的練習開始，接下來向專業諮商師尋求幫助、繼
續朝療傷的目標往前走。

▋ 療傷與釋放的冥想練習

請坐下或躺下，找個舒服的姿勢，然後閉上眼睛，將注意力放在自己的內在。注意自己的呼吸，花一點時間讓氣息進出身體。注意一下，你覺得自己的呼吸平緩、開放而自在嗎？還是拘束、淺而短促？持續練習自己的呼吸，直到你變得自在又輕鬆。

接下來，請將注意力轉移到自己的心，邀請自己核心的光明充斥整顆心。感受到光明與呼吸充滿、流過與照亮內心的空間，感受到你的心隨著所有的愛、光明與自我疼惜膨脹起來。

邀請你心中背負了痛苦的那些部分踏進內心的光明處，在受傷的部分踏到光線之下時，請熱情地歡迎它們。每一次呼吸、每一拍心跳過去，都請將愛與光明傳送給你受傷的部分，邀請這些部分在你內心的空間盡情地休憩，允許它們分享任何受傷的故事、信念或記憶。

在你覺得適當的時候，邀請受傷的部分釋放任何關於傷處的羞恥、罪責、悲傷或憤怒，如果它們願意的話。如果它們不願意，那也沒關係。在它們做好準備之前，你什麼都不必做。

如果受傷的部分想要釋放情緒，它可以用自己喜歡的方式釋放痛苦，可以將痛苦燒了、埋了、撒到風中，或發射到太陽的核心——請讓自己受傷的部分找到最合適的方法。受傷的那些部分原本是存放痛苦的空間，現在可以迎入你內心散發的關愛與光明了。

在你的心逐漸療癒的同時，它容納關愛、光明與自我疼惜的空間也會跟著成長。你的心有著療傷的無限潛能，請感謝你的心，懷著感激的心態完成這次的冥想。

◯ 心靈自我照護：連結與納入

心靈自我照護就是你對於靈魂的照顧，這可以和修行或禱告等宗教活動有關，但也不必然關乎宗教。對心靈的照護可以包括：冥想、沉思或發出心念。感激、正念與自我認可也都算是心靈自我照護的一種形式。

在進行這份練習時，你會集中精神，和安撫你心靈的環境產生連結。請找一個讓你感受到寧靜、連結與正面能量的地點，對許多人而言，這會是能夠能沉浸於大自然的地方，例如公園、原野、樹林或寧靜的海邊。你可以選擇坐著、站著、躺下，或在散步時冥想。

▋ 連結與納入

首先，請集中精神注意五感對於環境的感知，注意風的聲音、雙腳踩在地上的觸感、空氣的溫度與氣味。啜飲一口水，集中全副精神，注意液體流過嘴唇、舌頭與喉嚨的觸感。

在行走的同時，感覺自己成為大自然的一部分。你透過雙腳和大地產生了連結，頭頂擦過了天空，身體在空氣中移動。專心想著自己和世界的連結。

傾聽自己行走的聲音──雙腳踩過樹葉、碎石或沙地的聲響，手臂擦過樹叢或身體兩側的聲響，空氣進出身體的聲響。透過聽覺感受自己的存在如何增添了一股聲音、如何成為這世界上各種聲音的一部分？

找一個舒服的地方坐著或躺在地上，感受照在你身上的陽光，感受將你固定在地上的重力，傾聽昆蟲在土裡移動的細微聲響，以及鳥類在風中鼓翅的遙遠聲音。傾聽蜜蜂的嗡嗡聲、松鼠的吱喳聲。你和這些有呼吸的生物被一絲能量相連，請將這絲能量納入體

內，迎入你和大自然的連結。

▌心靈自我照護：不理會

除了連結與納入之外，心靈自我照護也可以是釋放令你心靈疲憊或受傷的負面能量，解放自己。在前一份練習中，你將大自然迎進了你的心，感受到了自己和世界的連結。在現在這份練習中，你將會排除對心靈造成負面影響的事物。

請儘量坐直或站直，抬頭挺胸。想像負面信念、負面自我對話與負面經歷的能量化為觸碰皮膚的黑色藤蔓，現在，接著想像自己內心的光明逐漸膨脹成長，從身體內部支撐著你、穿過你的皮膚往外，迫使黑色藤蔓遠離你的身體。你內心的光明在體內流淌時，請深深呼吸，讓黑色藤蔓放鬆對你的束縛，讓全身充滿愛與光明。

將右手搭在左邊肩膀上，用堅定有力的動作順著手臂往下掃，撥開身上的藤蔓，從手臂一路掃到指尖。發出「掃除負面能量」的心念，將這些抽乾你心靈的負面能量驅走。你可以多次重複這個掃除的動作，直到你覺得自己完全清除了環繞左手臂的負面能量為止。如果你有肢體行動上的困難，無法順利做到掃除的動作，那就用想像的方式完成這個動作。

請重複掃除的動作，但這次換成用左手撥右手臂。掃過兩邊手臂與大腿、小腿、軀幹，然後從頭頂撥到肩膀。在做這個動作的同時，請保持釋放負面能量的意念。

現在，請用鼻子緩慢深呼吸，在吸入空氣的同時擴張胸腔與腹部。接著短促地猛力呼氣，釋放胸中的空氣，用橫膈膜有力地將空氣從嘴巴吐出去。

用雙手加強將空氣推出身體的動作，在吐息的同時稍微收縮腹部。重複吸氣與吐氣的動作，直到你覺得自己內在變得乾淨、開闊。

如果你在深呼吸時感到暈眩，那請在吸氣與吐氣之間憋氣數秒。在結束練習時，請儘量穩定地坐直或站直，然後恢復正常呼吸，並想像自己全身充滿了心靈的光明。

▍關係自我照護：加深與培育

　　關係自我照護是指你在人際關係中照顧自己的方式，這類自我照護有一個重要的層面，那就是投資、培育並加深能滋養你的人際關係。請想想看，你生命中有哪些人愛你、支持你、認可你？你可以用哪些方法強化你和這些人的連結呢？

請列出至少三個支持你、愛你並認可你的人。

_____

_____

_____

這些人際關係是以何種方式滋養你的？

_____

_____

_____

_____

你花多少時間和這些滋養你的人相處？你是如何在這些滋養關係中和對方互動的？

_____

_____

_____

_____

_____

請舉出日常生活中培養這些關愛關係的至少一種機會。除此之外，
還有其他培養關係的機會嗎？

_____

_____

_____

_____

感謝這些愛你的人用愛、支持與認可滋養你。你可以用什麼方式表
達對他們的感激？

_____

_____

_____

_____

▌關係自我照護：分開與結束互動

　　有些人際關係並不會滋養你，關係自我照護的另一環就是遠
離這些令你疲憊或受傷的人際關係。無論是何種關係都會或多或少
帶來痛苦，一定程度的衝突、爭議、差錯與受傷也都正常，但在毒
性或虐待關係中，這類有害體驗會多得不成比例。你可以用哪些方
法，限制自己暴露在這類有害關係下的時間？

你生命中哪些關係對你造成了最多傷痛？請辨識出至少一段毒性關

係、虐待關係,或負面體驗多得不成比例的人際關係。

_____

_____

_____

這段關係對你造成了什麼傷害?

_____

_____

_____

_____

_____

你平時花多少時間和傷害你的人相處?在這些人際關係中,你必須和對方進行多少互動?

_____

_____

_____

_____

_____

請指出自己脫離毒性互動、關係與環境的機會,或是結束互動的機會。你可以在什麼時候離開、拒絕邀約,或結束互動?

_____

_____

_____

_____

_____

_____

自我照護是療傷的必經過程

　　情緒虐待所造成最嚴重、最持久的傷害，就是會使你和自我的連結斷裂。煤氣燈操縱會讓你和生命中的錨——也就是**你自己**——失去連結，所以在療傷與復原過程中，你必須透過自我照護，允許自己以關愛、疼惜與認可的方式重新和自己建立連結。在練習自我照護時，你是在重新認可自己：你的需求都是合理、站得住腳的，你的渴求都是可被接受的，而你這個人值得被愛與關心。

▋ 內向／外向

　　所謂內向與外向是指一個人對於社交互動的反應。「內向」的人在社交互動時會感到疲憊、必須在獨處時充電，他們通常偏好小團體或一對一的互動。「外向」的人在社交互動時感到精神振奮、會在和人相處時充電，他們也偏好在團體中心和許多人談話與互動。

　　內向與外向的人可能會以不同的方式照護自己，內向者往往會優先選擇不必太常和別人接觸的自我照護方法，而外向者如果選擇獨處的自我照護方法，可能無法達到提振精神的最佳效果。請參考以下的小測試，看看自己是偏內向還是外向，並以測試結果為基礎，規劃客製化的自我照護方法。閱讀以下每一句話，如果句子符

合你的狀況就圈選「同意」，不符合你的狀況就選「不同意」。

1. 我經常被視作活潑又喜歡社交的人。
   同意　　不同意

2. 我經常被視作內斂又喜歡自省的人。
   同意　　不同意

3. 我喜歡待在人群中，也喜歡在團隊中工作。
   同意　　不同意

4. 我偏好一次和一兩人相處，在人群中反而會覺得不自在。
   同意　　不同意

5. 我不喜歡獨處。
   同意　　不同意

6. 我重視獨處的時間，也喜歡和自己相處。
   同意　　不同意

7. 我有一大群朋友和熟人。
   同意　　不同意

8. 我和少數幾個人非常熟。
   同意　　不同意

9. 我可以快速投入新的活動或興趣，有時不會考慮太多就開始行動。
   同意　　不同意

10. 在面對新的機會時，我有時會想得太多、動作太慢。
    同意　　不同意

11. 我有時會忘了停下來想想自己要什麼、想要達到什麼目的，就直接開啟新計畫。
    同意　　不同意

12. 我有時會忘了檢查自己的想法與內在經驗是否和外在世界相符。
同意　　不同意

　　如果你為四個以上的奇數題圈選了「同意」，就是偏外向，在設計自我照護活動時可以多重視一點和別人相處的時間。如果你為四個以上的偶數題圈選了「同意」，那就是偏內向，設計自我照護活動時可以著重在獨處時間上，或是和少數好友相處的時間。如果你在奇數與偶數題所圈選的「同意」次數一樣多，那你可能是「中性人格者」（ambivert）——這表示你從事適合內向者或外向者的活動時，可以獲得同等或將近同等的滿足感，所以在設計自我照護活動時，可以均衡分配獨處與和他人相處的時間。

▌完全集中

　　某方面而言，你現在就已經每天都在進行一些自我照護了：你會餵自己吃東西、幫自己穿衣服、晚上休息睡覺、找時間和親友相處，還有享受自己的興趣與愛好。在自我照護成為常態時，我們有時不會注意到它對心情的影響，以下這份練習會幫助你重新聚焦、注意到自己每日自我照護所帶來的益處。

　　請選出一種日常自我照護活動，例如吃飯、沖澡或穿上睡衣，將全身的注意力放在自己所做的這件事情上，儘量用上所有的感官，觀察你從事這項活動時的所有細節。請注意自己做這件事之前、當下與之後的心情，你有注意到什麼變化嗎？

自我照護活動：

_____

_____

開始前的心情：

用所有感官進行的觀察：

你注意到的細節：

完成後的心情：

○ 讓平凡變得不平凡

請挑選一項日常自我照護活動，接下來，讓這個平凡的活動變得特別許多。如果你平常都只花五分鐘洗澡，今天就試著多給自己十分鐘時間，站在熱水下放鬆身心。如果你平時都邊寫工作信件邊快速吃午餐，那麼，今天就把手機或電腦關機，在安靜又舒適的空間好好吃一頓午餐。如果你平常都把前幾天的剩菜隨便熱來吃，那今天就花一些時間準備一頓豐盛美味的飯菜，細細品嘗菜色的各種味道。請注意自己平時不會想到或注意到的事情，讓日常的自我照護變得特別一些。

十種自我照護活動

現在，輪到你創造出一個支持你照顧自己的環境了，請試著每天都顧及到身體、精神、情緒、心靈與關係這五個領域。如果你還是不確定哪些活動算是自我照護，可以參考以下十種自我照護活動，發展出屬於自己的一套方法：

- **擁抱寵物**。寵物對你的精神、情緒與身體健康都有益！
- **打電話給朋友，或和朋友見面**。花一些時間和愛你、支持你的人相處。
- **完成一件被你再三推遲的家事**。完成代辦事項清單上一件事，在消除壓力的同時獲得滿足感。
- **出去晒晒太陽**。陽光對靈魂有益──而且我們大多數人都該多晒一點太陽，補充維生素 D。
- **做你最愛的休閒活動**，例如拼拼圖、從事美勞活動、演奏樂

器或聽音樂。休閒娛樂也是一種自我照護。

- **嘗試新的活動或課程**。說不定你可以找到新的興趣嗜好喔！
- **跳舞**。即使沒受過訓練，你也可以自在地移動身體。播放你最愛聽的幾首歌，跟著音樂舞動吧！
- **看閒書**。好書能帶你去往全新的世界。
- **重新裝飾或布置你生活空間的一角**。讓那個空間變成你專屬的避風港。
- **出去冒險**。去爬山、泛舟、探索新城市，或是開車兜風，為了冒險而冒險。

▊ 複習與總結

請回顧本章的種種練習。

哪一項練習最能引起你的共鳴？

_____

_____

_____

_____

_____

有哪些練習沒能引起你的共鳴？

_____

_____

_____

_____

_____

你現在有什麼感受？從開始閱讀本章到現在，你的感受發生了哪些
轉變？

_____

_____

_____

_____

_____

你從這些練習當中得到什麼收穫？

_____

_____

_____

_____

_____

7 建立健康的人際關係
Establishing Healthy Relationships

　　你在前六章鉅細靡遺地檢視了不健康的人際關係，認識了它們的樣貌，現在你要以自己學到的一切為基礎，為自己創造更健康的未來。第七章的練習與省思題會幫助你更清楚地瞭解你以後想打造什麼樣的健康關係。

　　在遭受到創傷與虐待之後，理解發生在自己身上的事情是十分重要的第一步，不過，光是理解過去的經驗並不能達到完整的復原效果，只有從自己身上與以往的人際關係中學習之後，你才能運用自己學到的一切，創造出更健康的未來。

　　那麼，我們開始吧。

▋讓圖變得完整

　　有時候，有趣的藝術作品會讓我們聚焦在出乎意料之處。我們可能一開始看著一幅圖的某一個面向，目光卻被吸引到了作品的另一個區塊。當我們允許自己的目光被拉走，遠離最顯眼、最引人注目的部分時，就是允許自己更完整、更詳盡、更仔細地觀察這幅有趣的圖畫。

　　在我們開始探索自己想改變的人際關係時，可能會過於注意自己經歷過的不健康關係，畢竟，當初就是這些關係吸引我們檢視這幅圖畫的。辨識出不健康的情境確實是非常重要的技能，但假如我們只花心思辨識毒性關係，就會漏看整張圖中另一個關鍵元素：健康關係的樣貌。在檢視人際關係時，我們就像在欣賞藝術作品一

樣，要學著看見乍看之下並不起眼的部分。

這份練習會幫助你探索健康關係的樣貌——你已經熟悉了毒性關係與不健康關係的特質，現在，我們要教你如何辨識出和它們相反的特質。首先，請將注意力放在一個毒性或不健康的人際關係特質，接著指出和它相反的特質，亦即正面關係中應該出現的健康特質。

下面列出了十種毒性關係的特質，請舉出至少一種與之相反的健康關係特質。

例如：

毒性特質：殘酷的誠實

相反的健康特質：善意的誠實

毒性特質	相反的健康特質
煤氣燈操縱	
嫉妒	
不誠實	
缺乏同理心	
相互依附	
權力分配不均	
操控／強迫	
暴力	
順從的壓力	
拒絕妥協	

○ 健康關係的品質

特定的特質、行為、態度與期待可能會造就毒性或虐待關係，而其他的一些特質、行為、態度與期待則會支撐起健康的人際關係。健康關係的基礎有以下七個核心品質：

1. 互相尊重

在健康的人際關係中，雙方都對對方懷有基本的尊重。在你尊重別人時，你就會善待他們。

2. 信任

在雙方可以互相信任的情況下，這段關係就能成長茁壯。你們必須用行動換得彼此的信任，而在信用遭破壞的情況下，你們必須先修復對彼此的信任，這段關係才能夠繼續成長。

3. 疼惜

在對別人表示疼惜時，你會注意到他們的痛苦，並感到相應的關懷。疼惜表示的是你關心別人遭受的苦難，不表示你要試著替他們解決問題。

4. 自信溝通

在健康關係中，雙方都會開放且清楚地傳達自己的想法與感受，同時尊重並在乎對方的想法與感受。

5. 妥協

在健康關係中，雙方都願意主動解決關係中的衝突，並一同找到令雙方滿意的妥協提案。

6. 誠實與真實

在雙方飽含同情心地對彼此誠實之時，兩人就能夠在關係中開誠布公、展現真實的自己。真實的表現還能加強信任與尊重這兩種

核心特質。

7. 健康的界限

我們常在好萊塢電影裡看到「有了你，我就變得完整」這類訊息，但實際上在最強韌、最有益的關係中，人們會欣然接受對方的獨立性，以及彼此設下的健康界限。

▌健康關係測試

你的人際關係有多健康呢？用以下這份測驗，測試這些關係的健康程度吧！請仔細閱讀每一道問題，勾選最能精確描述你人際關係的陳述句。你可以用這份測試評量自己的友情、親情或工作關係。完成測驗後，請用這份練習最末的計分指示計算你的得分。

和我處於這段關係的人：

	總是	經常	偶爾	極少	從不
1. 支持我的目標與興趣					
2. 鼓勵我嘗試新事物					
3. 傾聽我的煩惱					
4. 尊重我的界限					
5. 支持我在這段關係之外的生活					
6. 關心我的感受					
7. 接受我的拒絕					
8. 對我親切體貼					
9. 說我太敏感了					
10. 認為我該學著接受他人的批評					

11. 不承認自己犯錯或做錯事				
12. 不喜歡讓我花時間和其他人相處				
13. 讓我覺得自己愚笨、不吸引人、沒資格被愛或配不上對方				
14. 在我試著拒絕時，對方會一再煩我或讓我感到愧疚				
15. 對我不好、不尊重我，或刻薄待我				
16. 讓我懷疑自己的理智、經歷與／或判斷力				

評分方法：

請用以下計分方法計算你的得分。請特別注意，測驗的前半部分與後半部分評分方式不同。

第1到8題：

總是＝4分

經常＝3分

偶爾＝2分

極少＝1分

從不＝0分

第9到16題：

總是＝0分

經常＝1分

偶爾＝2分

極少＝3分

從不＝4分

43到64分：你的人際關係相當健康！這段關係主要由正面互動、特質與行為組成，少有令人受傷或有害的事情發生。

22到42分：你的人際關係還算可以。這段關係包括一些尊重與體貼的行為，但也有一些問題行為。如果你能夠替自己出聲，對方也願意下功夫改變自己的言行，你們就有機會改善這段關係。

0到21分：你的人際關係有不少問題。對方沒做出關懷與支持你的行為，可能還有一些有害或虐待的行為。你們可能有機會改善這段關係，不過它目前的狀態相當不健康。

▊ 現實生活中的人際關係

請回想自己生活中（過去或現在）最不健康或最有毒的關係，詳細寫下這段關係為什麼不健康。你在這段關係中注意到了哪些毒性特質、行為與互動模式？

_____

_____

_____

_____

_____

_____

現在，請想想自己看過或經歷過最健康的一段關係，詳細寫下這段關係為什麼健康。你在這段關係中注意到了哪些特質、行為與互動模式？這段關係和不健康的關係有什麼差異？

_____

_____

_____

_____

_____

_____

_____

▌人際關係模範生

　　請想想自己身邊有哪些人擁有你欣賞的人際關係。這些可以是家人關係（例如兄弟姊妹或親子關係），也可以是柏拉圖式關係、戀愛關係或工作關係。你欣賞這些關係的哪些部分？你會想要把這些關係的哪些面向視為楷模，應用在自己的人際關係中？

_____

_____

_____

_____

_____

▌校準頻率

　　對許多虐待關係的倖存者而言，建立健康的新關係很困難，因為他們必須重新學會相信自己的直覺。煤氣燈操縱可能會有效地使受害者質疑、忽視或壓抑自己對毒性行為的反應，以致他們覺得自己完全無法辨識出健康的人際關係是什麼樣子。不過，有時候，當你覺得腦中一片混亂，身體卻能帶給你一絲清明——這份練習會幫助你探索身體的反應，教你從身體反應判斷一段關係的健康程度。

　　請回想一段你認為是毒性關係的人際關係，在腦中想像對方的樣貌，或回憶自己和對方的一次負面互動。別挑你心目中最糟的記

憶，先選一段令你難受但不至於令你崩潰的負面記憶。清楚回想起那段記憶之後，請回答以下幾道問題：

你想到那個人或那次互動時，體驗到了哪些情緒？

_____

_____

_____

你想到那個人或那次互動時，身體產生了哪些感受？請注意自己的呼吸（你是呼吸淺而短促呢，還是在緩慢地深呼吸？）、肌肉的緊繃程度（你有沒有咬緊牙關或握緊拳頭？）、疼痛或僵硬（你有沒有突然開始頭痛？），或是有其他的感受（腹中有沒有產生翻攪的感覺？）。

_____

_____

_____

在想起那個人時，你會下意識地擺出什麼姿勢？你會想要蜷縮成一團、躲到桌子下，或是舉起拳頭嗎？

_____

_____

請在擺姿勢、緊繃、疼痛或呼吸等身體感受中選擇一個，在注意身體感受的同時，可以閉上眼睛。請將注意力放在這種感受上，觀察看看：當你集中精神注意自己的身體時，你產生了哪些情緒？有哪些感受和你的身體反應相連？

_____

_____

_____

現在，請回想你生命中最健康的一段關係，在腦中想像對方的樣貌，並找出一段對方愛你、支持你、認同你或關心你的記憶。在回想這段往事時，你產生了哪些情緒？

_____

_____

_____

在想到這個人與這段互動時，身體產生了什麼感受？請注意自己的呼吸、肌肉的緊繃與放鬆程度、疼痛或僵硬，與其他身體感官上的感受。

_____

_____

_____

在想到這個人時，你會下意識地擺出什麼姿勢？

_____

_____

請在擺姿勢、肌肉緊繃、疼痛或呼吸等身體感受中選擇一個，在注意身體感受的同時，可以閉上眼睛。請將注意力放在這種感受上，觀察看看：當你集中精神注意自己的身體時，你產生了哪些情緒？有哪些感受和你的身體反應相連？

當你想到毒性關係與健康關係時，分別產生了哪些不同的身體反應？你可以用什麼方式傾聽身體傳達的訊息，評估一段關係的健康程度？

▍重新設定不切實際的期待

有時候，一個多次經歷毒性關係的人可能沒辦法有效地處理關係問題。舉例而言，在和有毒的朋友、家人與其他關係對象相處時，他們可能會對對方的虐待行為容忍太多，滿心希望對方會自動停止這些行為。或者，這些受害者可能會懷有情有可原——但終究還是不切實際——的期待，認為在一段健康的關係中雙方都完全不會受傷。

事實上，我們每個人都不完美，每個人都有各自的缺陷，大家都會犯錯與失誤。我們可能會對某些人懷有太高的期待，對一些人懷有太低的期待。這份練習會幫助你探索人際關係中一些常見但不切實際、可能會導致受傷與失望的期待。

不切實際的期待一：我的伴侶會讓我變得完整。
重新設定期待一：我自己就是個完整的人。我和伴侶雖然互補，但即使沒有對方，我們還是很完整。

這份不切實際的期待是以什麼形式出現在你的人際關係中呢？

不切實際的期待二：設立正確的界限以後，我的關係對象就不會再虧待我了。

重新設定期待二：界限是用來定義我的行動、選擇與接受度。我不能改變別人，只能改變自己。

這份不切實際的期待是以什麼形式出現在你的人際關係中呢？

不切實際的期待三：如果我愛的人對我感到不高興，我就應該想辦法讓他們的心情好起來。

重新設定期待三：我應該對自己的感受與行為負責，我愛的人也該為自己的感受與行為負責。我可以在不為對方感受負責的情況下，疼惜我愛的人。

這份不切實際的期待是以什麼形式出現在你的人際關係中呢？

不切實際的期待四：愛一個人，就等於永遠不必說「抱歉」。(《愛的故事》(*Love Story*) 抱歉囉。)

重新設定期待四：如果我真的傷到別人或做了對不起別人的事，就算不是故意的，我也該因為足夠在乎對方而為此負責，想辦法矯正過錯。

這份不切實際的期待是以什麼形式出現在你的人際關係中呢？

不切實際的期待五：真正健康的關係永遠不會帶給我痛苦。

重新設定期待五：每個人都會犯錯，沒有人是完人。我不期望對方完美無缺，我也知道自己不免會犯錯。

這份不切實際的期待是以什麼形式出現在你的人際關係中呢？

大眾文化中健康的人際關係範本

電影、電視與明星文化的許多人際關係都不太健康，但我們還是能找到一些健康關係的楷模。以下是幾個正面的例子：

- 《公園與遊憩》（*Parks and Recreation*，又譯《天涯小築》）中的班・懷特與萊斯利・諾普（在戀愛與婚姻方面）
- 《螢火蟲》（*Firefly*）與《衝出寧靜號》（*Serenity*）中的莉芙與賽門・湯（在兄弟姊妹方面）
- 《摩登家庭》（*Modern Family*）中的卡梅隆與米契（在婚姻方面）
- 《國務卿女士》（*Madam Secretary*）中的伊莉莎白與亨利・麥科德（在婚姻方面）
- 《追愛總動員》（*How I Met Your Mother*）中的泰德與馬修（在朋友方面）
- 《哈利波特》系列（*Harry Potter*）中的哈利與妙麗（在朋友方面）
- 《魔戒》（*Lord of the Rings*）中的哈比人（在朋友方面）
- 《鴻孕當頭》（*Juno*）中的朱諾與麥克（在親子方面）
- 《黑人當道》（*Black-ish*）中的強森家（在家人方面）
- 《這就是我們》（*This Is Us*）中的皮爾森家（在家人方面）

你還能想到其他的健康關係嗎？請舉例：

_____

_____

_____

_____

_____

_____

_____

▌健康關係的益處

　　參與健康關係對你有什麼實質幫助？以下是一些健康、正面關係的益處，如果你想到了其他的益處，歡迎自行補充上去！

- 健康關係能促進身體健康。
- 健康關係能促進精神健康。
- 健康關係能提升自信、安全感與自尊心。
- 健康關係中的成員能經歷與解決衝突，過程中雙方的連結不會受到永久性傷害。
- 健康關係能支持其中成員走過生育、死亡、婚姻、離婚與事業變化等生命中重要的轉捩點。
- 家長之間的健康關係對家中的孩子有益。

你還能想到健康關係的其他益處嗎？

_____

_____

_____

_____

_____

▌健康關係行為

　　健康關係是心態、意圖與行為造就而成，我們必然是做了一些能促進健康的行為，才能夠創造出健康的關係。以下是幾種健康關

係中會出現的行為──請想想看,你可以用什麼方式在自己的人際
關係中做出這些行為?

為自己的想法、感受與行為負責

我可以藉由以下這種方法,負責任地做到這件事:

_____

_____

_____

_____

自信地溝通

我可以藉由以下這種方法,表現出自己的自信與主張:

_____

_____

_____

_____

和同儕與同僚互動及合作

我可以藉由以下這種方法和他們互動與合作:

_____

_____

_____

_____

尊重別人的界限

我可以藉由以下這種方法,表現出對別人界限的尊重:

_____

_____

_____

_____

抱持切實的期待

我可以藉由以下這種方法，表現出自己切實的期待：

_____

_____

_____

_____

保持一致與可靠

我可以藉由以下這種方法，表現出自己的一致性與可靠度：

_____

_____

_____

_____

支持愛人

我可以藉由以下這種方法，表現出自己對愛人的支持：

_____

_____

_____

_____

表現出感激與欣賞

我可以用這種方法，表現出自己對別人的感激與欣賞：

_____

_____

_____

_____

▌培養現有的人際關係

　　如果你想發展出更健康、更強韌的人際關係，就必須重視與培養現有的關係。在毒性關係中受了傷之後，扎實的友情、親情、工作關係或親密關係可以成為你的支柱，扶持你走出之前受的傷害。別忘了對生命中愛你、支持你的人們心懷感激。你可以用哪些方法培養現有的正面關係呢？

花時間相處。

　　沒有任何事物能取代你和在乎你的人相處的時間。別讓自己「太忙」，忙到無法花時間陪伴親友，就算無法在物理上處於同一空間，你也可以撥出時間打電話或和對方視訊。別因為對方會一直陪著你而一再推延和他們相處的時間，畢竟只有在你花時間精力培養關係時，人際關係才會變得穩固而健康。

請舉出這週內和正面關係對象相處的至少一個機會。

_____

_____

_____

_____

表達感激與欣賞。

真正關愛與支持你的關係價值連城，但有時我們會忘記對一路上陪伴我們的人表達謝意與感激。別認定你愛的人已經瞭解你的感受了——把話說出來，確保他們真的瞭解你對他們的感激吧！

請舉出正面關係中值得你表達感激的至少一件事。

_____

_____

_____

_____

支持對方。

你可能會覺得每次都是自己在尋求支持，怎麼自己一直都不夠堅強，沒辦法反過來支持對方？健康人際關係奠基於雙向的施與受，就算施與受的形式乍看下不同也無所謂。舉例而言，關係中一個人可能會在對方哭泣時讓對方靠著他的肩膀，對方則是在愛人哀悼時做菜給他吃。請想想看，你可以用什麼方式支持你愛的人？

請舉出你可以在關愛關係中支持對方的至少一種方法。

_____

_____

_____

以健康的人際關係為優先。

你可能會想將大部分時間精力集中用於你想改善或逃離的負面關

係，這當然非常重要，你也確實該花時間精力設立界限、自信溝通與更妥善地照顧自己，改善負面的人際關係。但與之同樣重要———甚至更重要———的是，你也該將時間精力用以確保你的健康關係持續穩健發展。如果你將一段關係置之腦後，這段關係可能會逐漸萎縮。你可以用什麼方法，將那些滋養你、支持你的人際關係放在第一順位？

請舉出這週內，你可以將健康關係擺在第一順位的至少一個機會。

_____

_____

_____

_____

▋ 辨識出關係的模式

很多時候，你在過去毒性關係中的互動模式，會輾轉造就現在人際關係中令人受傷的互動模式。在本書中，你辨識出並探討了造就不健康關係的種種信念與關係模式，現在的你，就是要努力治療不健康關係所造成的傷害。你會在此拼湊出關係的全貌，辨識出一再帶你回到不健康關係的循環模式。

初始的關係藍圖

請回顧你在第三、四、五章完成的人際關係史練習，運用你對於自身家庭關係的認知，描述自己從小接受的教育———從你的家庭關係看來，你心目中的人際關係是什麼樣貌？什麼感覺？它們是如何運作的？這就是你初始的關係藍圖。

例如：我從小天天看父母吵架，這形成了我的關係藍圖。父母會選

擇用最痛的方式互相攻擊，把對方傷得最重的人就贏了。從父母的
關係中，我學到的訊息是：人際關係中殘忍的言行十分正常。

我的人際關係藍圖是：

_____

_____

_____

_____

_____

讓你容易受傷的自我信念

請回顧第二、三、四、五章的種種練習，探討你對自己的信念是如
何讓你變得容易受煤氣燈操縱影響。你現在（或過去）有哪些關於
自己的信念，讓你在毒性關係中受害了？請簡述自己的這些信念。

我的自我信念是：

_____

_____

_____

_____

_____

將你困住的自我概念

在第三、四、五章，你探討了自我認知將你困在負面關係中的可能
性，然後你又在第六章辨識出了有礙自我照護、可能致使你停滯不
前的種種因素。你的自我概念可能以何種方式令你困在毒性關係之

中呢？請簡述你關於自己的這些想法。

我的自我概念是：

_____

_____

_____

_____

_____

你曾經容許的虐待

毒性關係之所以會持續下去，是因為有一方願意忽視、原諒或接受虐待行為，或者有一方受到制約，默默地接受了對方的虐待。你在第一、二章認識了煤氣燈操縱、操縱者的動機，以及受害者之所以容易受虐的原因。請簡述你從你過去的毒性關係中學到的事情。

我曾經容許的虐待包括：

_____

_____

_____

_____

▌破除循環

既然看清了過往不健康關係中的負面關係模式與循環，現在就是時候破除循環了。請為毒性關係的每一個部分找出一個破除循環的機會。

例如：我的關係藍圖是以我父母每天的爭吵與互相傷害為基礎所描繪出來的，現在，我可以藉由選擇公平爭執或遠離常態性互相傷害的關係，來改變我的人際關係藍圖。

改變藍圖

我可以用底下的方法改變藍圖：

_____

_____

_____

_____

檢查令我易受傷害的自我信念

我可以用底下的方法來檢查令我易受傷害的自我信念：

_____

_____

_____

挑戰將我困住的自我概念

我可以挑戰的一個自我概念是：

_____

_____

_____

選擇不接受對方的虐待

我可以選擇不再接受虐待的一個方法是：

_____

▌別上鉤

煤氣燈操縱者會讓受害者懷疑自己的感知證據,進而困住他們。操縱者會竄改受害者遭受虐待的感受,將他們囚禁在有害的循環之中。假如受害者有了足夠的自信,開始堅持自己的主張、指出對方的有毒行為,操縱者可能會改變策略,口口聲聲答應要改變行徑。然而在虐待關係中,操縱者並不是真心想要改善自我,而是想用空洞的承諾將本可以破除循環的受害者拉回關係中。

海洋深處有一種名叫鮟鱇魚的魚類,牠們會把一個小小的光點垂在嘴巴前方,吸引獵物上鉤。煤氣燈操縱者就像鮟鱇魚一樣,他們會許下改變的承諾,用虛假的承諾吸引受害者回到他們身邊。

你有被拉回虐待關係的經驗嗎?

_____

_____

_____

_____

_____

_____

你可以用什麼方法讓自己對虛假的承諾免疫?你需要對自己說什麼,才有辦法抗拒那一點亮光的誘惑?

_____

_____

_____

_____

_____

_____

無心的毒性行為

　　你有沒有想過，有時候，人們可能會在不懷虐待意圖的情況下，做出毒性行為？其實並不是所有負面關係行為都算是虐待，即使是和善、友愛又富有同情心的人也可能做出不健康的行為，他們甚至可能沒發覺自己傷害了對方。

　　在對方無心傷害到你的關係中，對方可能會願意改變，也可能會積極學習較健康的行為。他們會尊重你的界限，為自己的言行負責。然而在虐待關係中，對方並不會尊重你的界限，還會將自己負面言行的責任推給你。

　　我們每個人都會受先天性格與環境影響，確實有許多人會為了自身利益想方設法控制別人，但也有許多人純粹是不知道自己有別的選擇，在不帶惡意的情況下做出了不健康的行為。有時候，我們只有在做出不健康的行為並嘗到苦果之後，才會學到健康的關係行為。

　　請想想自己生命中受到不健康模式與行為影響的人際關係，其中有沒有人是無心地造成了傷害，而非刻意為之？

檢查自己是否染上了惡習

俗話說「近墨者黑」，這句話雖然不中聽，卻還是有幾分道理。一個人長時間處於毒性關係之中，自己可能也會做出一些毒性行為。遭受虐待的受害者可能會認為自己必須轉而用毒性行為對付對方，才有辦法爭取權益，或避免受對方傷害。在和人相處時請和善待人，注意自己是否也做出了毒性行為。

⭕ 道歉的藝術

如果你受到了煤氣燈操縱，不得不在沒做錯事時對對方道歉，現在可能會不太想做這份道歉練習。儘管如此，我還是鼓勵你試試看。我們前面也說過，即使是在健康關係中，人們還是不免會犯錯、不免會傷到對方，所以你要知道該在什麼時候道歉、如何誠心誠意地道歉，才有辦法創造並培養健康關係。

有效的道歉有以下幾種特性：

適時。你應該在適當的時機對對方道歉。理想情況下，你該在犯錯的當下就馬上道歉，但如果你是在事後才發現對方受了傷，那就在發現的當下對對方道歉。

真誠。「抱歉，我其實不怎麼抱歉」和「對不起，不過……」都不算是真正的道歉。請在你能夠誠實且真摯地道歉時對對方表達歉意，別試圖合理化自己的言行。

只有在真的犯了錯或讓對方受傷時，道歉才是必要的。如果你沒有做錯事，那就不用道歉。煤氣燈操縱者會試圖讓你為不該由你負責的事情道歉，你千萬別上鉤。

聚焦於你自己的言行。如果你真的做了對不起別人或令人受傷
的事，那就將道歉的重點擺在自己的言行上。即使對方做的
某件事間接造就了你的錯誤行為，你在道歉時還是應該聚焦
於自己做的選擇，為此表示歉意。

承諾下次改進。一個人用合宜的方式致歉，就是要承認自己做
錯了事，並承諾不會再這樣傷害對方。在道歉時，你應該表
達自己在關係成長的同時變得更健康、更愛對方且更富同情
心的意願。

▋ 你生命中最重要的一段關係

你現在或此生最重要的一段關係是什麼？

_____

_____

_____

_____

請描述你和自己的關係。

_____

_____

_____

_____

　　本書大部分篇幅都著重於幫助你重建你和自己的關係。煤氣燈
操縱會疏遠你和你的自我，讓你不再信任自己。為了在往後創造出
更健康的人際關係，你必須先重建你和自己的連結。

　　請複習第六章的種種練習。和他人相處時，你必須投入時間

與精力培養健康關係，使這些關係成長茁壯；而與自己相處時，你也同樣必須投入時間與精力重建你和自己的關係。請寫一封信給自己，寫下自己重新發覺、培養與加深自我關係的意圖與承諾。你值得受自己關愛、照顧、疼惜，也值得自己的這份承諾。

我給自己的承諾信：

_____

▎ 認可健康的人際關係

請寫下至少三句真言，幫助你增加生命中健康的人際關係。記得用充滿自信的語氣唸出真言，相信自己能獲得你尋求的健康關係。

範例：
我為自己在人際關係中獲得的愛與支持感激不已。
我身邊的人會照顧我、支持我，我感激與欣賞他們。
我希望自己的人際關係能變得更健康，並且成長茁壯。

輪到你了：

_____

_____

_____

_____

_____

_____

▌複習與總結

請回顧本章的種種練習。

哪一項練習最能引起你的共鳴呢？

_____

_____

_____

_____

_____

有哪些練習沒能引起你的共鳴？

_____

_____

_____

_____

_____

你現在有什麼感受？從開始閱讀本章節到現在，你的感受發生了哪
些轉變？

_____

_____

_____

_____

你從這些練習當中得到了哪些收穫？

_____

_____

_____

_____

結語
A Final Word

恭喜你讀完《煤氣燈操縱：辨識人際中最暗黑的操控術，走出精神控制與內疚，重建自信與自尊》，並完成了所有的練習！在練習的過程中，你跨出了好幾步，已經走在通往健康生活的路上了。你可能會覺得本書裡的一些章節讀起來令你特別難受，一些練習題特別難寫，所以你能讀完並完成這些練習，就該為自己感到驕傲。如果你覺得有哪些練習或章節實在太難讀完，或者觸發了你的負面反應，那我鼓勵你向優秀的諮商師尋求協助，並再次試著完成這些練習。請記得：尋求幫助並不代表你失敗了，你不過是承認自己需要額外的支持而已。

我當然很希望你完成本書中的練習之後，未來所有的人際關係都會健康、充實並滿足你的心靈，但可惜的是，我並不能許下這樣的承諾。我只能告訴你，在做這些練習的同時，你創造出了成長、改變與療癒的機會，也擁有了過上新生活的機會。

你下了療傷與復原的功夫，所以以後在開創新的人際關係時，你會對自己的價值與重要性產生新的想法。在未來，你會更能夠期待對方公平地對待你，也比較不會受制於慣性施虐的人。即使你發現自己處於毒性關係中，你也比較能夠運用從本書學到的知識與教訓，結束與對方的互動、破除惡性循環。以後，你就更能夠自我照護、自我疼惜，可以對自己好一點。

親愛的讀者，我以你為傲，你為了療傷與復原所投注的心力令我動容。你是堅強、勇敢又有韌性的人，你值得、也有能力創造一

段充滿關愛、強韌又健康的人際關係。祝你平安順心，希望你在開啟人生新篇章時感到更加堅強、更有自信，並且更完整地作為自己走下去。

希望你的未來能充滿快樂、希望與療癒的能量。

資源
Resources

美國國家註冊心理師

GoodTherapy, www.goodtherapy.org

The International Resource Center for Daughters, Sons and Partners of Narcissists,
www.willieverbegoodenough.com/resources/find-a-therapist

National Queer & Trans Therapists of Color Network, www.nqttcn.com/directory

Open Path Psychotherapy Collective, www.openpathcollective.org

Psychology Today, www.psychologytoday.com

Therapy for Black Girls, www.therapyforblackgirls.com

TherapyTribe, www.therapytribe.com

Theravive, www.theravive.com

網站

The International Resource Center for Daughters, Sons and Partners of Narcissists,
www.willieverbegoodenough.com

Luke 17:3 Ministries, www.luke173ministries.org

Narcissist Abuse Support, www.narcissistabusesupport.com

Out of the FOG, www.outofthefog.website

書籍

The Body Keeps the Score: Brain, Mind, and Body in the Healing of Trauma, by Bessel van der
Kolk. 2014.（繁中版《心靈的傷，身體會記住》，大家出版）

Boundaries: When to Say Yes, How to Say No to Take Control of Your Life, by Henry Cloud &
John Townsend. 1992.（繁中版《過猶不及》，道聲出版〔已絕版〕）

Gaslighting: Recognize Manipulative and Emotionally Abusive People—And Break Free, by
Stephanie Sarkis. 2018.

Healing from Hidden Abuse: A Journey through the Stages of Recovery from Psychological Abuse,
by Shannon Thomas. 2016.（簡中版《治癒隱性虐待：從心理虐待中康復的六階段之旅》，
人民郵電出版社）

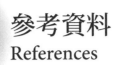

參考資料
References

第1章——煤氣燈操縱是什麼？

Dictionary.com. "What Does Gaslighting Mean?" Accessed August 23, 2019. https://www.dictionary.com/e/pop-culture/gaslighting.

受到煤氣燈操縱的社會　A Gaslit Society

Beerbohm, Eric, and Ryan Davis. "Gaslighting Citizens." Accessed August 21, 2019. Beerbohm Harvard Files. https://scholar.harvard.edu/files/beerbohm/files/eb_rd_gaslighting_citizens_apsa_2018_v1_1_0.pdf.

社群媒體與廣告效應　The Social Media and Advertising Effect

Shah, Saqib. "The History of Social Networking." Digital Trends. May 14, 2016. https://www.digitaltrends.com/features/the-history-of-social-networking.

煤氣燈操縱的跡象　Signs of Gaslighting

Sarkis, Stephanie. "How to Cope with a Gaslighting or Narcissist Boss." *Forbes*. March 29, 2019. https://www.forbes.com/sites/stephaniesarkis/2019/03/29/coping-with-a-gaslighting-or-narcissist-boss/#1b4aa7046097.

第2章——煤氣燈操縱者

Schouten, Ronald, and James Silver. *Almost a Psychopath: Do I (or Does Someone I Know) Have a Problem with Manipulation and Lack of Empathy? (The Almost Effect)*. Center City, MN: Hazelden Publishing, 2012.

施虐者剖析　Profile of the Abuser

National Institute of Mental Health. "Personality Disorders." Last updated November 2017. https://www.nimh.nih.gov/health/statistics/personality-disorders.shtml.

自戀型人格疾患；邊緣型人格疾患　Narcissistic Personality Disorder; Borderline Personality Disorder

American Psychiatric Association. "What Are Personality Disorders?" November 2018. https://www.psychiatry.org/patients-families/personality-disorders/what-are-personality-disorders.

其他反社會人格疾患　Other Sociopathic Disorders

Tracy, Natasha. "Psychopath vs Sociopath: What's the Difference?" HealthyPlace. Last updated May 31, 2019. https://www.healthyplace.com/personality-disorders/psychopath/psychopath-vs-sociopath-what-s-the-difference.

瞭解煤氣燈操縱行為　Understanding Gaslighting Behavior

Sarkis, Stephanie. *Gaslighting: Recognize Manipulative and Emotionally Abusive People—And Break Free*. New York: Da Capo Press, 2018.

Dodgson, Lindsay. "Psychological Abusers Don't Go for the Weak—They Choose Strong People because They 'Like a Challenge.'" *Business Insider*. Aug. 11, 2017. https://www.businessinsider.com/strong-confident-people-end-up-in-abusive-relationships-2017-8.

第3章——第一階段（認知與自我疼惜）

對弱勢群體的煤氣燈操縱　Gaslighting in a Vulnerable Population

National Domestic Violence Hotline. "LGBTQ Relationship Violence." Accessed Aug. 24, 2019. https://www.thehotline.org/is-this-abuse/lgbt-abuse/.

傾聽身體的聲音　When the Body Speaks, Listen

Van der Kolk, Bessel. *The Body Keeps the Score: Brain, Mind, and Body in the Healing of Trauma*. New York: Penguin Books, 2014.

情緒虐待並沒有性別關係　Emotional Abuse Is Not Gendered

National Domestic Violence Hotline. "Get the Facts and Figures." Accessed Aug. 24, 2019. https://www.thehotline.org/resources/statistics/.

自我疼惜省思　Self-Compassion Journal

Neff, Kristin. "Exercise Six: Self-Compassion Journal." Accessed Aug. 25, 2019. https://self-compassion.org/exercise-6-self-compassion-journal/.

自我疼惜日誌　Noticing Compassion Daily Log

Adapted from: ACT with Compassion. "Self-Compassion Daily Rating Scale." Accessed Aug. 25, 2019. https://www.actwithcompassion.com/noticing_compassion_daily_reflection.

Adapted from Neff, Kristen. "Test How Self-Compassionate You Are." Accessed Oct. 30, 2019. https://self-compassion.org/test-how-self-compassionate-you-are/.

第4章——第二階段（建立自尊心）

主張權利提案　Assertive Bill of Rights

Adapted from: Smith, Manuel J. *When I Say No, I Feel Guilty*. New York: Bantam Books, 1975.

經歷中的正面特質　Positive Traits Experienced

Therapist Aid. (blog). "Positive Traits Worksheet." Accessed Aug. 29, 2019. https://www.therapistaid.com/therapy-worksheet/positive-traits/self-esteem/none.

History of Growth Timeline (blank timeline template): https://www.smartsheet.com/sites/default/files/styles/full_width_desktop/public/IC-Horizontal-Blank-Timeline-Template-PDF.jpg?itok=mN88PhIy.

自信溝通的益處　The Benefits of Assertiveness

Mayo Clinic Staff. "Being Assertive: Reduce Stress, Communicate Better." May 9, 2017. https://www.mayoclinic.org/healthy-lifestyle/stress-management/in-depth/assertive/art-

20044644.

溝通風格　Communication Styles

Alvernia University. (blog). "4 Types of Communication Styles." Mar. 27, 2018. https://online.alvernia.edu/articles/4-types-communication-styles/.

「我」陳述句　I-Statements

Therapist Aid. (blog). "I-Statements Worksheet." Accessed Aug. 30, 2019. https://www.therapistaid.com/therapy-worksheet/i-statements.

討好者的恐懼　Fears of a People-Pleaser

Adapted from: Anderson, Frank G., Martha Sweezy, and Richard C. Schwartz. *Internal Family Systems Skills Training Manual: Trauma-Informed Treatment for Anxiety, Depression, PTSD, & Substance Abuse*. Eau Claire, WI: PESI Publishing & Media, 2017.

第5章——第三階段（設立界限）

界限繪圖練習　Boundary Drawing Exercise

http://arttherapydirectives.blogspot.com/2012/07/boundary-drawings.html.

揭開內疚訊息的真面目　Guilt Messages Unmasked

The Boundaries Books Team. (blog). "How to Handle Guilt Messages from Your Mom." Oct. 8, 2018. https://www.boundariesbooks.com/boundaries/handle-guilt-messages-from-your-mom/.

接觸的等級　Levels of Contact

Martin, Sharon. "How to Set Boundaries with Toxic People." Accessed Sept. 2, 2019. https://narcissistabusesupport.com/set-boundaries-toxic-people/.

第6章——自我照護

身體自我照護：休息、復原與恢復精神　Physical Self-Care: Rest, Recover, and Refresh

Dickinson, Elizabeth Evitts. "The Cult of Busy." *Johns Hopkins Health Review* 3, no. 1 (Spring/Summer 2016).

身體自我照護：動起來　Physical Self-Care: Get Moving

Centers for Disease Control and Prevention. "Physical Activity Is for Everybody." Last updated Oct. 18, 2017. https://www.cdc.gov/features/physical-activity-disabilities/index.html.

Mayo Clinic Staff. "Fibromyalgia: Does Exercise Help or Hurt?" Nov. 11, 2016. https://www.mayoclinic.org/diseases-conditions/fibromyalgia/in-depth/fibromyalgia-and-exercise/art-20093376.

情緒自我照護：療傷與釋放　Emotional Self-Care: Heal and Release

Anderson, Frank G., Martha Sweezy, and Richard C. Schwartz. *Internal Family Systems Skills Training Manual: Trauma-Informed Treatment for Anxiety, Depression, PTSD, & Substance Abuse*. Eau Claire, WI: PESI Publishing & Media, 2017.

Austen, Brad. "Healing the Heart Guided Meditation." Accessed Sept. 22, 2019. https://

www.exploremeditation.com/healing-heart-meditation-script/.

自我照護是療傷的必經過程　Self-Care Is Necessary for Healing

Arabi, Shahida. "5 Powerful Self-Care Practices That Can Save Your Life after Emotional Abuse." November 18, 2017. https://thoughtcatalog.com/shahida-arabi/2017/11/5-powerful-ways-to-rise-again-after-emotional-abuse/.

內向／外向　Introvert/Extravert

The Myers & Briggs Foundation. "Extraversion or Introversion." Accessed Sept. 24, 2019. https://www.myersbriggs.org/my-mbti-personality-type/mbti-basics/extraversion-or-introversion.htm?bhcp=1.

十種自我照護活動　10 Ideas for Self-Care Activities

Centers for Disease Control and Prevention. "About Pets & People." Last reviewed Apr. 15, 2019. Accessed Sept. 23, 2019. https://www.cdc.gov/healthypets/health-benefits/index.html.

第 7 章——建立健康的人際關係

健康關係的品質　Qualities of Healthy Relationships

Hall Health Center Hall Promotion Staff. "Healthy vs. Unhealthy Relationships." University of Washington. Accessed Sept. 22, 2019. http://depts.washington.edu/hhpccweb/health-resource/healthy-vs-unhealthy-relationships/.

University of Washington. (blog). "Healthy Relationships." Accessed Sept. 22, 2019. https://depts.washington.edu/livewell/advocate/healthy-relationships/.

重新設定不切實際的期待　Resetting Unrealistic Expectations

Rutherford-Morrison, Lara. "5 Ways Couples with Realistic Expectations Are Happier, More in Love, and Have Better Relationships." June 3, 2015. https://www.bustle.com/articles/87084-5-ways-couples-with-realistic-expectations-are-happier-more-in-love-and-havebetter-relationships.

健康關係的益處　Healthy Relationship Benefits

VA San Diego Healthcare System. "10 Things You Should Know about Healthy Family Functioning." Accessed Sept. 26, 2019. https://www.ruralhealth.va.gov/docs/ruralclergy-training/family-functioning.pdf.

檢查自己是否染上了惡習　Check Yourself for Fleas

Out of the FOG. (blog). "What Not to Do: Fleas." Accessed Sept. 27, 2019. https://outofthefog.website/what-not-to-do-1/2015/12/3/fleas.

道歉的藝術　The Art of the Apology

Lerner, Harriet. "The 9 Rules for True Apologies." *Psychology Today*. Sept. 14, 2014. https://www.psychologytoday.com/us/blog/the-dance-connection/201409/the-9-rules-true-apologies.

謝辭
Acknowledgments

　　首先，我想感謝從以前就知道這天終將到來的兩個人：我的母親，還有已故的父親。謝謝爸媽對我的信心，你們從以前就相信我終有一日能成為作家，也一直鼓勵我持續寫作，相信我能實現幫助他人的夢想。爸爸，你要是看到現在的我，一定會感到非常驕傲吧。

　　感謝我的朋友與同事們，你們這一路上一直鼓舞我，每當我走到新的里程碑，你們都會陪我慶祝。艾米（Amy）、克莉絲汀（Kristen）與瑪莉索（Marysel），謝謝你們給我關愛、鼓勵與支持。

　　感謝我的各位客戶，你們讓我見識到了人類堅韌與堅強的本質，我真的好佩服你們。

　　瑪裘莉·利維特醫師（Dr. Marjory Levitt），多虧了你對我的指導，我才發現療傷的核心在於人與人之間的關係。謝謝你訓練、指導並支持我這個羽翼未豐的諮商師。

　　我美麗又優秀的女兒——凱琳（Caelyn）與愛蓮諾（Eleanor）——謝謝你們在我忙碌時給我無限的耐心，我所做的一切都是為了幫你們創造更好的生活與世界，讓你們在美好的世界中成長。我好愛好愛你們。

　　最後，感謝我的丈夫——湯姆（Tom）。即使寫下千言萬語，我也無法完整表達對你的愛、對你的欣賞，以及對你的感激，我只能謝謝你出現在我的生命中。謝謝你給我愛、支持、鼓勵與挑戰，謝謝你給我耐心，也謝謝你攬下大部分的育兒工作，給我撰寫這本書的時間。我愛你，我愛你，我愛你。

煤氣燈操縱

辨識人際中最暗黑的操控術，
走出精神控制與內疚，
重建自信與自尊

The Gaslighting Recovery Workbook:
Healing From Emotional Abuse
by Amy Marlow-MaCoy, LPC
Copyright © 2020 by Rockridge Press,
Emeryville, California
First published in English by Rockridge Press,
an imprint of Callisto Media, Inc.
Published by arrangement with Rockridge Press,
an imprint of Callisto Media, Inc.
through Big Apple Agency, Inc.,
Labuan Malaysia.
Traditional Chinese edition copyright
© 2022 Rye Field Publications,
a division of Cité Publishing, Ltd.
ALL RIGHTS RESERVED

煤氣燈操縱：辨識人際中最暗黑的操控術，
走出精神控制與內疚，重建自信與自尊／
艾米·馬洛－麥柯心理師作；朱崇旻譯.
－初版.－臺北市：麥田出版：英屬蓋曼群島
商家庭傳媒股份有限公司城邦分公司發行，
民111.01
　　面；　公分.－（不歸類；207）
譯自：The Gaslighting Recovery Workbook:
Healing From Emotional Abuse
ISBN 978-626-310-159-3（平裝）
1.CST: 應用心理學 2.CST: 人際關係
3.CST: 心理治療
177.3　　　　　　　　110019919

封面設計　兒日設計
初版一刷　2022年1月
初版三刷　2024年1月
定　　價　新台幣299元
I S B N　978-626-310-159-3
Printed in Taiwan
著作權所有·翻印必究
本書如有缺頁、破損、裝訂錯誤，
請寄回更換

作　　者	艾米·馬洛－麥柯心理師
	（Amy Marlow-MaCoy, LPC）
譯　　者	朱崇旻
責任編輯	賴逸娟
國際版權	吳玲緯
行　　銷	何維民　吳宇軒　陳欣岑　林欣平
業　　務	李再星　陳紫晴　陳美燕　葉晉源
副總編輯	何維民
編輯總監	劉麗真
總 經 理	陳逸瑛
發 行 人	涂玉雲

出　　版
————————————————————————
麥田出版
台北市中山區104民生東路二段141號5樓
電話：(02) 2-2500-7696　傳真：(02) 2500-1966
麥田網址：https://www.facebook.com/RyeField.Cite/

發　　行
————————————————————————
英屬蓋曼群島商家庭傳媒股份有限公司城邦分公司
地址：10483 台北市民生東路二段141號11樓
網址：http://www.cite.com.tw
客服專線：(02)2500-7718; 2500-7719
24小時傳真專線：(02)2500-1990; 2500-1991
服務時間：週一至週五09:30-12:00; 13:30-17:00
劃撥帳號：19863813　戶名：書虫股份有限公司
讀者服務信箱：service@readingclub.com.tw
麥田網址：https://www.facebook.com/RyeField.Cite

香港發行所
————————————————————————
城邦（香港）出版集團有限公司
地址：香港灣仔駱克道193號東超商業中心1樓
電話：+852-2508-6231　傳真：+852-2578-9337
電郵：hkcite@biznetvigator.com

馬新發行所
————————————————————————
城邦（馬新）出版集團【Cite(M) Sdn. Bhd. (458372U)】
地址：41, Jalan Radin Anum, Bandar Baru Sri Petaling,
57000 Kuala Lumpur, Malaysia.
電話：+603-9057-8822　傳真：+603-9057-6622
電郵：cite@cite.com.my